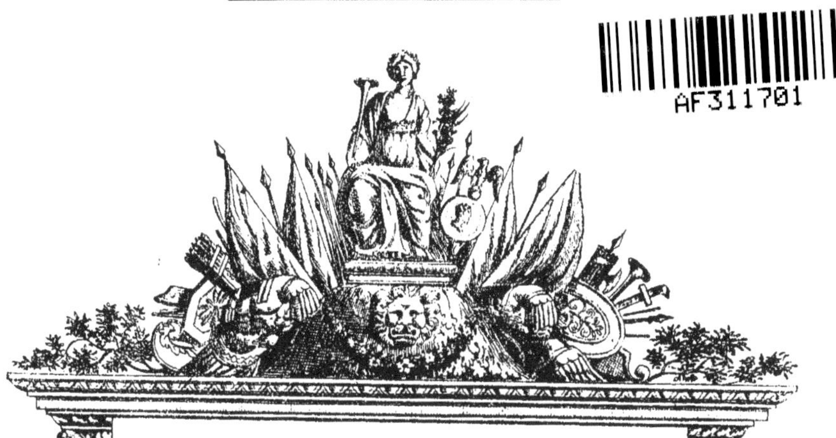

PORTRAITS

FRANÇAIS ET ÉTRANGERS

GRAVÉS

aux XVI, XVII et XVIII siècles

Portraits pour Illustration

par les meilleurs artistes du XIX siècle

EAUX-FORTES

LITHOGRAPHIES

15 DECEMBRE 1903

M. M. DELESTRE | M. Paul ROBLIN
Commissaire-Priseur | *Marchand d'Estampes*
5, rue Saint-Georges | 65, rue Saint-Lazare

PARIS

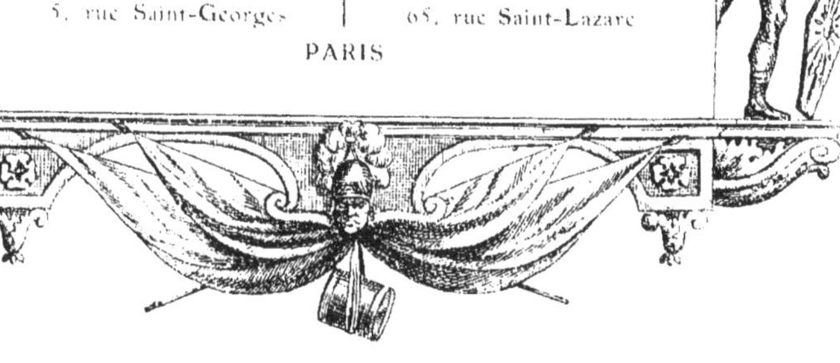

CATALOGUE

DE PORTRAITS

FRANÇAIS ET ÉTRANGERS

Gravés aux XVIe, XVIIe et XVIIIe Siècles

PORTRAITS POUR ILLUSTRATIONS

par les meilleurs artistes du XIXe Siècle

EAUX-FORTES

LITHOGRAPHIES

Gravures sur bois

Dont la vente aux enchères publiques aura lieu

HOTEL DES COMMISSAIRES-PRISEURS, Rue Drouot. N° 9

Salle N° 8

Les Mardi 15 et Mercredi 16 Décembre 1903

A DEUX HEURES

Par le Ministère de Me MAURICE DELESTRE, Commissaire-Priseur,
5, Rue Saint-Georges, 5

Assisté de M. PAUL ROBLIN, Marchand d'Estampes,
65, Rue Saint-Lazare, 65

PARIS 1903

CONDITIONS DE LA VENTE

Elle sera faite au comptant.

Les acquéreurs paieront *dix pour cent* en sus des prix d'adjudication.

Dans l'intérêt de la Vente, M. P. Roblin se réserve la faculté de réunir ou de diviser les lots.

MM. les Amateurs pourront visiter la collection, 65, Rue Saint-Lazare, du Jeudi 10 au Samedi 12 Décembre 1903.

ORDRE DES VACATIONS

Mardi 15 Décembre 1903...................... Nos   1 à 260
Mercredi 16 Décembre 1903.................. Nos 261 à 524

DÉSIGNATION

PERSONNAGES

FRANÇAIS ET ÉTRANGERS

Gravés aux XVIe, XVIIe et XVIIIe siècles

AMÉRIQUE

1. Sujet allégorique dédié à Monsieur le Comte d'Estaing. In-4 en larg.
   Très belle épreuve à toutes marges.

AMLING. ANDOUART. AUVRAY

2. *Tilly* (Tserclaès Cte de). — *Montecuculli.* — Vue du Mausolée de Jean de Lingendes dans la cathédrale de Mâcon. Trois pièces.
   Belles épreuves, deux sont avant la lettre.

ANONYME

3. *Barry* (Mme la Ctesse du). In-8, cadre orné.
   Belle épreuve.

4. *Beaumarchais* (Caron de) sur des nuages, au bas, le mot *Tarare.*
   Très belle épreuve, grandes marges.

5. *Bernis* (Card. de). In-8.
   Très belle épreuve avant toutes lettres.

ANONYME

6. *Bèze* (Th. de). Ovale in-4 avec légende au bas.

    Très belle épreuve.

7. *Cannabich* (Chrét.), directeur de la musique de S. A. S. Pala-
    tine. In-4.

    Très belle épreuve.

8. *Cipriani* (G. B.). Ovale in-8.

    Très belle épreuve imprimée en bistre.

9. *Coetlosquet* (J. E. du). Ancien évêque de Limoges. In-4.

    Très belle épreuve à l'eau-forte pure.

10. *Dernes*, Empoisonneur. In-4, dessiné d'après nature.

    Très belle épreuve.

11. *Grasse* (le Cte de). Ovale in-8.

    Très belle épreuve avant toutes lettres, rare.

12. *Orléans* (Elis. Charl. d'), femme de Léopold Ier, Duc de
    Lorraine. Eau-forte in-4.

    Belle épreuve.

13. *Suède* (Fréd. Doroth. Wilh., Reine de). In-4.

    Très belle épreuve.

14. *Stuart* (Le Prétendant Jacques Edouard). In-8.

    Très belle épreuve non terminée.

15. *Acier* (Fr. d'), neveu du grand colporteur. — *Andréossy* (Fr.).
    — *Bachi* (J. Fr. de), Mis du Caila. — *De l'Isle* (Cl.),
    Historiographe. — *Engel* (Samuel). — *Clopinel* (Jean),
    dit de Meung. 2 états. — *Sainte-Aldégonde* (Marn. de).
    — *Sanois* (Cte de). — *Sigecourt* (J. Ch., Cte de) ?. —
    Trippel (Alex.). Onze portraits in-8 ou in-4.

    Très belles épreuves. Six sont avant la lettre ou à l'eau-forte pure.

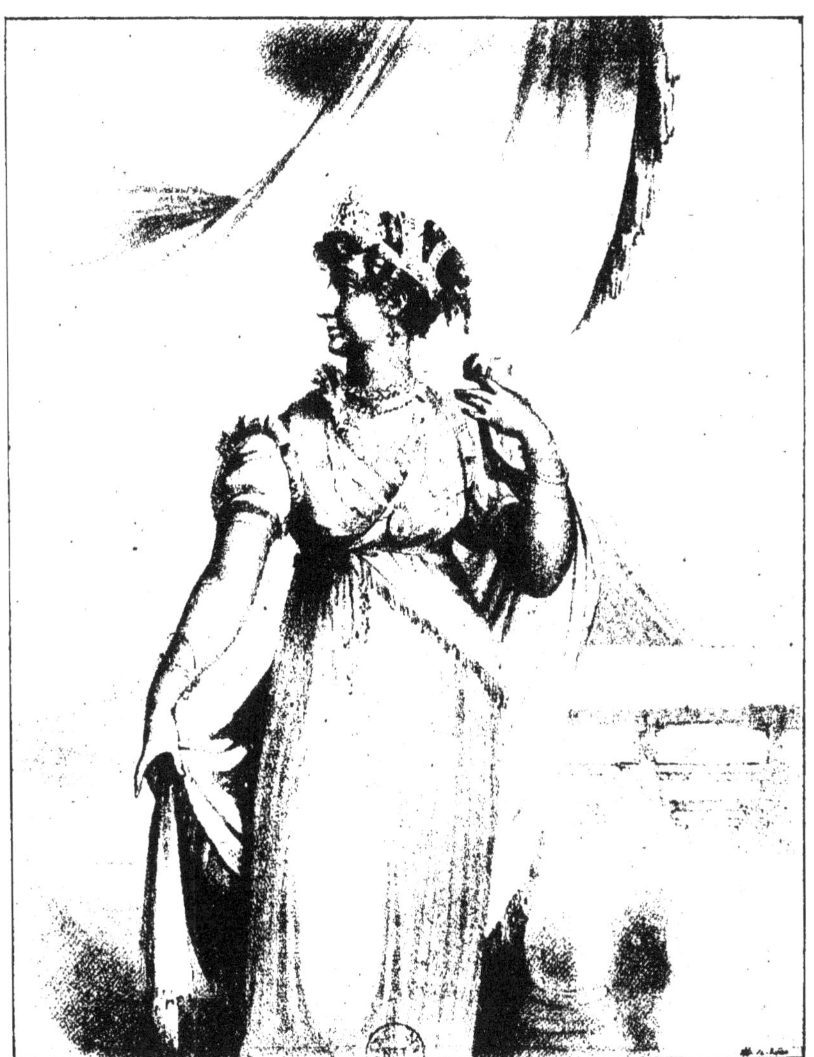

N° 13. — Reine de Suède.

ANONYME

16. Arnaud (H.), Evêque d'Angers. 2 diff. — *Boursier* (L. Fr.).
— *Chatelain*, pasteur protestant. — *Elisée* (Le P.).
Carme. — *Ferel*, 2 état. — *Jansénius* et *Du Vergier de
Hauranne*, sur la même planche. — *Lingères* (Le R. P.
de). — Pasteurs du XVIII et du XVIᶜ siècles. — Jésuites.
Douze portraits in-8 et in-4.
Belles épreuves.

17. *Baudelocque*, accoucheur. 2 états. — Allégorie sur la Cᵗᵉˢˢᵉ de
Brionne. — *Fagel*, médecin. — *Fantin des Odoars*. —
Herschell. — *Imbert de Lonne*. — *Montucla* (de). —
Pomme, etc. Onze portraits in-8 et in-4.
Très belles épreuves. Neuf sont avant la lettre ou à l'eau-forte pure.

18. *Christian V*, Roi de Danemark. — *Joseph Iᵉʳ*, Roi de Portugal.
— *Joseph II.* — *Louis XVI*. 2 diff. — *Louis XVII*. Fron-
tispice. — *Philippe II.* — *Retzer* (J. von). — Amiraux
Anglais. — Portrait de vieillard. 2 états. Douze portraits
in-8 et in-4.
Belles épreuves. Cinq sont avant la lettre dont deux en couleur.

19. *Bamboots.* — *Bril* (Paul). — *Clérisseau*, graveur. — *Decker*
(de). — *Du Frénoy*, sculpteur. — *Gérard de Lairesse.* —
Noorde (Ger. Van). — *Oudry* (Jacques). — *Spranger.* —
Peintres Flamands. Douze portraits in-12 et in-4.
Belles épreuves. Sept sont avant la lettre ou à l'eau-forte pure.

AUDRAN (Jean).

20. *Baillet* (Ad.). — *Estrées* (V. M. Duc d'), Maréchal de France,
d'après Largillière. Deux portraits in-4.
Très belles épreuves.

AUDRAN (Les).

21. *Arnaud* (H.)., Evêque d'Angers. — *Cherier* (Cl.). — *Goujet*
(Cl. P.). — *Krag* (J. Fr.). — *Raynaud* (Th.), Jésuite. —
Médailles de Louis XIV. Sept portraits in-8 et in-4.
Belles épreuves.

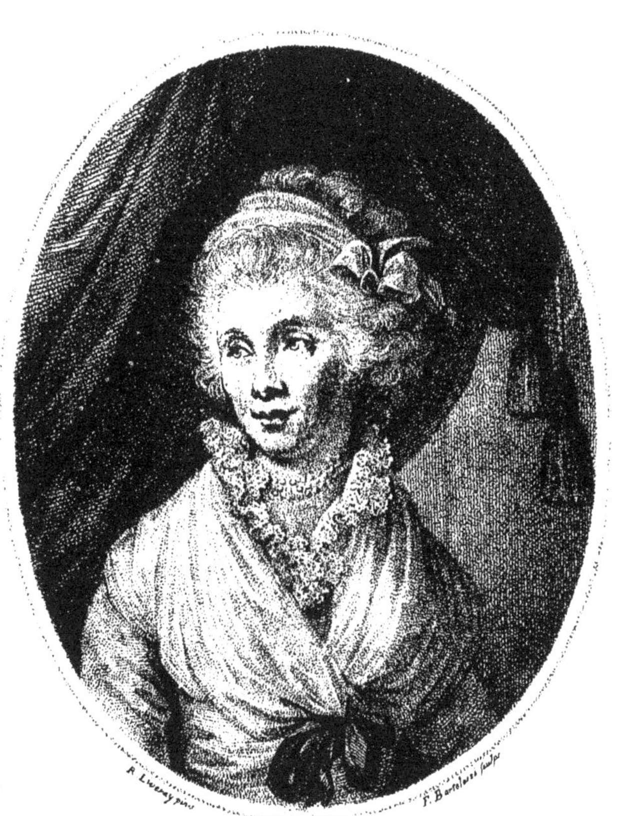

N° 27. — Fr. Bartolozzi.

BACHELEY

22. *Le Cornier* (P. Rob.), Sr de Cideville, Conseiller au Parlement de Normandie. In-8.

Très belle épreuve, rare.

BAILLIE (Captain).

23. *Orange* (Villiam Prince of). Father of King William the Thrid, d'après Terburg. In-4.

Très belle épreuve.

BALECHOU (J. J.).

24. *Gaillard* (P. J. L.), Baron de Longjumeau d'ap. Van Loo. — *Porée* (P. C.), Jésuite. Deux portraits in-4.

Très belles épreuves.

BALECHOU (J.)

25. *Néel de Christot*, Evêque de Séez, d'après Aved (D. 82)).

Très belle épreuve.

BARTOLOZZI (Fr.)

26. *Albercromby* (Sir Ralph), d'après Hoppner. In-fol. à la manière noire.

Superbe épreuve avant toutes lettres. Grandes marges.

27. *Charlotte* (La Reine). In-8, d'après R. Livesay.

Très belle épreuve avant la lettre.

27 bis. *Clinton* (Sir H.). — *Hollis* (Th.). — *Martinelli* (V.). — *Philidor*, célèbre joueur d'échecs. — *Wishart* (Sir James). Cinq portraits in-8 et in-4.

Très belles épreuves. Deux sont tirées en bistre ou à la sanguine.

BARTSCH, BAUSSAIS, BAZIN.

28. *Bartsch* (Adam). — *Bol* (Ferd.) — *Rembrandt*. — Le même, aux moustaches. — *Terburg*. — Allégorie sur *Louis XV*. — *Houssay* (Frère Jean du) de Chaillot. Sept portraits in-8.

Très belles épreuves. Deux sont avant la lettre ou à l'eau-forte pure.

BARTSCH (A.), BAUSE, CARS.

29. *Backer* (Jacobus de), d'après lui-même. 2 états. — *Borussiæ* (H. Princeps), d'après Graff. — *Newton*, d'après F. Boucher. Quatre pièces.

Très belles épreuves, une est avant toutes lettres.

BASAN (G. Fr.)

30. *Rohan* (Armand-Gaston), dit le Cardinal de Soubise. (D.88).

Très belle épreuve.

BASSET (A Paris chez)

31. *Paul Petrowitz.* In-4, à cheval.

Très belle épreuve en couleur.

BEAUVAIS (Mlle), BEAUVARLET (J.)

32. *Milley*, Jésuite. — *Sage* (B. G). Deux portraits in-8.

Belles épreuves.

BEAUVARLET (J. F.)

33. *Onuphre Desmaretz* (R. P. Ph. O.), théologien. — *Pichault* (Fr. M.), théologien. Deux portraits in-fol.

Très belles épreuves.

BELJAMBE, BENOIST.

34. *Goudar* (Ange). — *Grivel* (G.). — *Diderot.* Trois portraits in-8.

Belles épreuves, la troisième est avant la lettre.

BERGER (D.)

35. *Marie-Antonie*, Kœnigin von Frankreich. Ovale in-18.

Très belle épreuve imprimée en bistre.

BLOEMAERT (C.), BLOOTELING (A.)

36. *Tofani* (Col. de). — *Miéris* (Fr.), peintre. — *Wisscher* (J.). Trois portraits in-4.

Belles épreuves.

BOCK. BOLT.

37. *Diderot.* — *Degen (J. Fr.)* — *Kobell (Fr. von).* — *Luther.*
— *Nussbiegel (Joh.)*— *Soltau (C. W.)* — *Wieland,* etc.
Huit portraits in-18.

Très belles épreuves. Deux sont avant la lettre.

BOILET.

38. *A St James's Beauty,* d'après Benwell. In-4.

Très belle épreuve.

BOILLY (L.)

39. *Choffard (P. P.).* Cul-de-Lampe. In-8.

Belle épreuve.

BOLLINGER (Fred. W.)

40. *Prusse (L. Aug. Wilh. Am., Reine de).* In-8, d'après
Shadow.

Très belle épreuve imprimée en bistre.

BONNART (N.). BOSSE (L.)

41. *Cramailles (J. Chassebras, Sr de).* — *Innocent XII,* pape. —
Encadrement pour un portrait de Louis XV. Trois pièces
in-8.

Belles épreuves.

BONNET (Louis)

42. *Barry (Mme la C^{esse} du).* In-8 gravé à l'imitation de pastel.
1769.

Superbe épreuve imprimée en couleur, de la plus grande fraicheur.

BOURLIER (M. A.)

43. *La Reine du Portugal.* — *Le Roi et la Reine de Suède.* —
— *Princesse de Danemark.* — *Reine de Danemark.*
Quatre portraits in-4. Cadres ornés.

Belles épreuves.

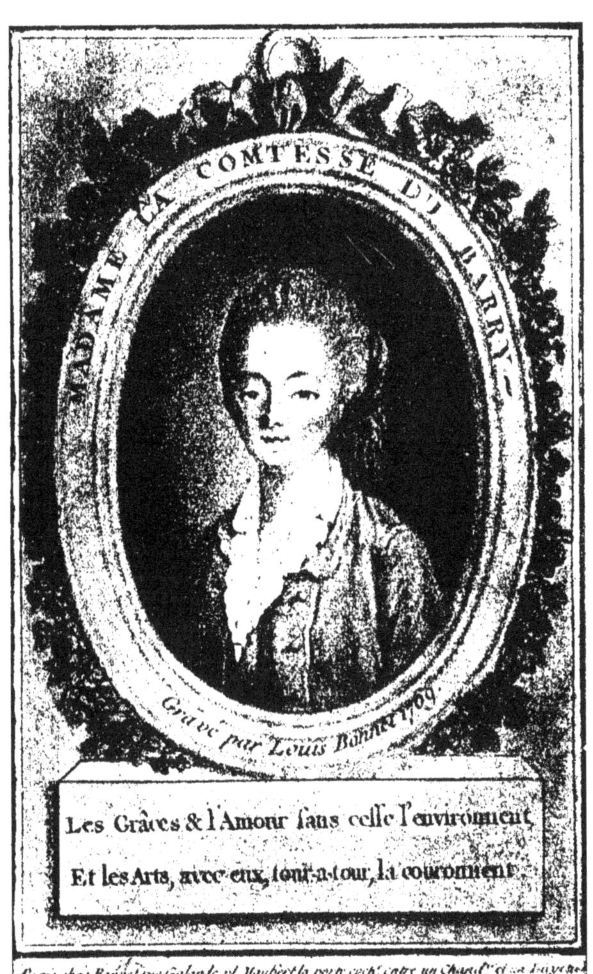
MADAME LA COMTESSE DU BARRY
Gravé par Louis Bonnet 1769.
Les Grâces & l'Amour fans ceffe l'environnent
Et les Arts, avec eux, tour-a-tour, la couronnent.
Paris che's Bonnet rue Galande pl. Maubert la porte coch. entre un Chaud.er et la bayette

Nᵒ 42. — Bonnet.

BOUCHER (J. A. S.), BOULANGER. BOVINET

44. *Bolureau*, doyen des peintres. — *Laigneau* (David), médecin.
— *Magdelene de St-Joseph*, religieuse de l'ordre du Mont
Carmel. — *Rousseau* (J. J.), Frontispice. — *Marie-An-
toinette*. — *Cochin* (J. D.). Six portraits in-8 et in-4.
Belles épreuves.

BOUTTATS, HOLLAR, MEISSENS

45. Personnages et Peintres Flamands. Quatorze portraits in-8.
Belles épreuves.

BOUYS (A)

46. *Boileau* (Nic.), in-4 à la manière noire.
Très belle épreuve.

BREBIETTE (P)

47. *Brebiette* (Pierre), peintre. — *Quesnel* (Fr). Deux pièces
in-8 en larg. Cadres ornés.
Belles épreuves.

BRIOT (J.)

48. *Marin* (Le chevalier), in-4.
Très belle épreuve.

BRY (Th. de)

49. *Lebe-Batillius* (D.). — *Jules Cæsar*. Deux portraits in-8,
cadres ornés.
Très belles épreuves.

CAMERATTA (J.), CAMPION DE TERSAN

50. *François Ier d'Autriche*. — *Tersan* (L'abbé de). — *Mesangui*.
— *Campion* (Aug.). — *Verri* (N. de). Cinq portraits in-8
et in-4.
Belles épreuves.

CARDON (A.)

51. *Baregem* (P. J. van). — *Vitzthumb* (I.), directeur de l'or-
chestre de Bruxelles. — *Archiduc Charles*. Trois portraits
in-4.
Belles épreuves.

BOON (Adr.)

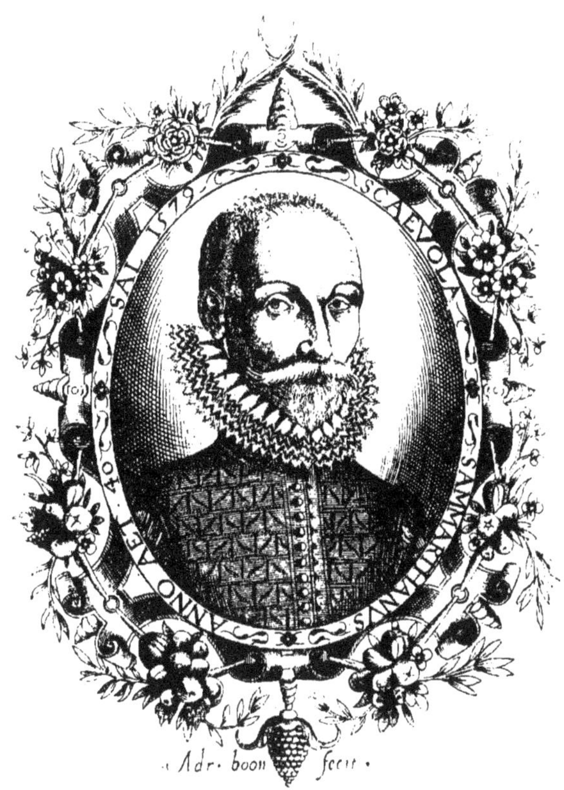

52. *Sainte Marthe* (Scévole de), Président et Trésorier général
     de France en Poitou. Fut élu maire de Poitiers, et mou-
     rut à Loudun. In-8, cadre orné, 1579.

Superbe épreuve, extrèmement rare.

CARINGTON BOWLES

53. *Rodney* (Sir G. Brydges), Amiral. In-8 à la manière noire.

Très belle épreuve.

CARS (L.)

54. Louis XV, retiré des mains des femmes, reçoit l'éducation.
Frontispice in-4 d'après Boucher.
Très belle épreuve à l'eau-forte pure.

CARS (L.). CASSIN CÉLY (Comte de)

55. *Louis XIII. — Louis XIV. — Doujat (J.). — Raulin (Jos.),*
etc. Cinq portraits.
Belles épreuves, trois sont avant la lettre.

CATHELIN

56. *Provence (Comte de).* In-4, d'après Drouais.
Belle épreuve avant toutes lettres, en feuille.

CHASTEAU (Noël)

57. *Argenson (M. R. de Voyer de Paulmy d').* In-4.
Très belle épreuve.

CHEREAU (Fr.)

58. *Geoffroy (M. Fr.),* d'après N. de Largillière (D. 249). —
Pernot (L'abbé Audoche), d'après H. Rigaud (D. 254).
Deux portraits in-fol.
Très belles épreuves.

CHEVALIER (J. A.). CHENU. CHEVILLET

59. *Picault (J. A.),* graveur. — *Diderot. — Marca (P. de),* 2 états.
Quatre portraits in-8 et in-4.
Belles épreuves, trois sont avant la lettre.

CHEVILLET (Juste)

60. *Guilain,* Baron d'Houès. — Portrait d'homme faisant pendant. Deux pièces in-4.
Très belles épreuves avant la lettre.

CHODOWIECKY (D.)

61. *Erasme (D.).* Frontispice in-8.
Très belle épreuve avant la lettre. Rare.

CIVIL

62. *Longrois* (M. Jeannet de), médecin. In-8 d'après Desrais.
Très belle épreuve, imprimée à la sanguine.

CLÉMENS (J. F.)

63. *Blome* (Baron de), Ministre plénipotentiaire. (Paris, 1775),
d'après Roslin, in-fol.
Très belle épreuve avant la lettre.

CLOWET (P. et Alb.). CLAUSSIN (I. de)

64. *Albert et Isabelle d'Autriche. — Canon* (Ch.). *— Brown*
(John). *— Turner* (colonel). Quatre portraits in-8.
Très belles épreuves.

COCHIN LE FILS (C. N.)

65. *Bénalius* (Fr.). *— Cayeux. — Chevert* (F. de). *— Clairault*
(Alex.). *— Prault. — Restout. — Tasse* (Le), Frontispice.
— Vence (C. A. de Villeneuve, comte de). Huit portraits
in-8 et in-4.
Belles épreuves, trois sont avant la lettre ou en épreuves de graveur.

66. Mort de Louis XIV. Frontispice in-4 pour l'histoire de
Louis XV par médaille.
Rare épreuve à l'eau-forte pure.

67. Avènement de Louis XV. Frontispice in-4.
Très belle épreuve avant la lettre.

68. Rétablissement du commerce et de la marine, sous la Ré-
gence, 1757. Frontispice in-4.
Très belle épreuve avant la lettre.

COCHIN LE FILS (d'après C. N.)

69. *Mondonville* (J. J. Cassanca de) par Delatre. In-4.
Trois états différents.

70. Eugénie ou la Noblesse (Portraits de Marie-Antoinette et de
Marie-Thérèse sa mère). In-4, par J. F. Rousseau.
Belle épreuve à toutes marges.

COCHIN LE FILS et MOREAU LE JEUNE (d'après)

71. Société des Enfants d'Apollon. Sept portraits in-8.
Très belles épreuves, celui de Chénard est avant la lettre.

COLLYER (J.)

72. *Charlotte* (The landing of Queen). — *Willis* (D^r). Deux pièces
in-4.
Belles épreuves, la 2e est imprimée en couleur.

CONDÉ (J.)

73. *Wenzel* (Le B^{on} de), Oculiste du Roi d'Angleterre. In-4.
Très belle épreuve en couleur à toutes marges.

CONDÉ. COYPEL. CRÉPY

74. *Gra it* (Ch.), Vte de Vaux. — *Aimon 1er.* — *Democrite*, 2 ép.
Tressan (L. De la Vergne de Montenard de), archevê-
que de Rouen. — *Patin* (Guy), médecin. Six portraits in-8.
Très belles épreuves.

COOK, RYDER, SHARP

75. *Buchanan* (G.). — *Boileau.* — *Schomberg* (Fr. duc de). -
Shaftesburg (Earl of). — *Newton* (Isaac). — *Wharton*
(Th. Mis of). Six portraits in 4.
Belles épreuves.

COSWAY

76. *Orléans* (His Most Serene Highness Louis Philippe Joseph
Duke of), in-4 en pied.
Très belle épreuve.

CRÉPY (A Paris chez)

77. *Philippe V*, Roy d'Espagne. — *Marie-Louise de Parme*,
Reine d'Espagne. Deux portraits in-8, cadres ornés.
Belles épreuves.

DAMBRUN, DESPRÉS

78. *Duras* (M^{al} de), d'après Queverdo. — *Perronet* (J. R.),
architecte. Deux portraits in-4.
Très belles epreuves, la 1re est avant toutes lettres, marges.

DAULLÉ (Jean)

79. *Galland* (Et.), abbé (Del. 20). — *Lorraine* (Ch. Alex. de), oncle de Marie-Antoinette (30). — *Pallu* (Le P. Martin) Jésuite (55). Trois portraits in-4.

Très belles épreuves, la 2e est avant toutes lettres.

DAVID

80. *Gribolari* (Gaspar), brocanteur à Padoue. In-4.

Belle épreuve, rare.

81. *Mulot* (Fr. Val.), Théologien. — *Neale* (Comte). Deux portraits in-8.

Belles épreuves.

DECACHÉ, DESPLACES, DE VILLIERS

82. *Faydit de Tersac*, curé de St-Sulpice. — *Rancé* (abbé de). — *Serres* (Olivier de). Trois portraits in-8 et in-4.

Belles épreuves. la 3e est avant la lettre.

DE LAUNAY, DELIGNON, DAMBRUN

83. *Boileau*. — *Buffon*, 3 états. — *Clément XIV*. — *Fénelon*. — *Henry IV*. Frontispice. — *Louis IX*. — *Richelieu* (Le duc de) en prison. Neuf pièces in-8 et in-4.

Très belles épreuves. Sept sont avant la lettre ou à l'eau-forte pure.

DELFF (W.)

84. *Symon*, évêque, in-4.

Très belle épreuve.

DELVAUX

85. *Sévigné* (Mise de). In-18 cadre orné.

Très belle épreuve du 1er tirage.

86. *Charron* (P.). — *Duchatelet* (Mme). — *Jeanne d'Arc*. — *Racine* (J.) — *Rousseau* (J.-B.) — *Tasse* (Le), 2 diff. Sept portraits in-18 et in-8.

Très belles épreuves. Six sont avant la lettre.

DEMARTEAU

87. *Goulles* (J. L.), Curé d'Argelliers. In-4, d'apres Le Barbier.

Très belle épreuve.

DESPLACES (L.)

88. *Silvestre* (Ch. Fr. de), maître de dessin de Philippe V, roi d'Espagne. (D. 383).

Très belle épreuve.

DESROCHERS

89. Son portrait. In-8.

Très belle épreuve. Rare.

90. Agronomes. Avocats. Ministres. Souverains. Maréchaux. Financiers, etc. Vingt-quatre portraits in-8.

Très belles épreuves.

91. Musiciens. Poëtes. Architectes. Académiciens. Historiographes, etc. Vingt et un portraits in-8.

Très belles épreuves.

92. Papes. Cardinaux. Evêques. Abbés. Ministres protestants, etc. Cinquante portraits in-8.

Très belles épreuves.

93. *La Chaise* (Le R. P. Fr. de). — *Ménage.* — *Thomassin* (le P.). Trois portraits in-8.

Rares épreuves avant la lettre ou avec la tablette blanche.

94. *Arnaud d'Andilly* (Rob.). — *Louis XV*, enfant, 3 diff. — *Marie Anne Victoire*, infante d'Espagne. — *Orléans* (Philippe d'). Six portraits in-8.

Belles épreuves du 1er tirage.

DREVET (Pierre)

95. Allégorie dédiée à Mgr François de Neuville duc de Villeroy, d'après Ant. Coypel. In-fol.

Très belle épreuve.

96. *Berlin* (P. V.) (D. 19). — *Boileau*, d'après de Piles (28). Deux portraits in-fol.

Très belles épreuves.

97. *Félibien* (André), d'après Ch. Le Brun (46).

Très belle épreuve.

98. *Gillet* (P.), Magistrat, d'après H. Rigaud (68). — *Lamet* (L'abbé Léonard de), d'après H. Rigaud (82). Deux portraits in-fol.

Très belles épreuves.

99. *Legendre* (L'abbé Louis), historien, d'après Jouvenet (85). — *Lepeletier* (Cl.), ministre d'Etat, d'après Mignard (86). Deux portraits in-4 et in-fol.

Très belles épreuves.

100. *Lillienstedt* (J. P. de), magistrat allemand, d'après Schild (89).

Très belle épreuve.

101. *Montague* (Charles Cte d'Halifax), homme d'Etat anglais, d'après G. Kneller. (96).

Très belle épreuve avant la lettre, grandes marges.

102. *P.llot* (Pierre), héraldiste, d'après G. Revel. (103).

Très belle épreuve du 1er Etat avec les mots : *Agé de 88 ans*. Rare.

103. *Frédéric Auguste III*, Electeur de Saxe et roi de Pologne, d'après de Troy. (107).

Très belle épreuve du 1er Etat, grandes marges.

104. *Humières* (A. L. de Crevant d') Abbesse. — *Maunoir* (Le
R. P. Julien), jésuite. — *Verdier*, médecin. Trois por-
traits in-8.
Belles épreuves.

DREVET (Claude)

105. *Besenval* (J. V. Baron de), d'après J. A. Meissonnier (D. 7).
Très belle épreuve.

106. *Calvairac* (F. P.), Abbé de Pontigny (8).
Très belle épreuve, les armoiries coloriées.

DREVET (Pierre-Imbert)

107. *Orléans* (Louise Adelaïde d'), Abbesse de Chelles, d'après
Gobert, in-fol. (D. 18).
Très belle épreuve.

108. — La même Princesse, d'après Gobert. (20).
Très belle épreuve.

109 *Le Blanc* (Cl.), Homme d'Etat, d'après Le Prieur. (23).
Très belle épreuve.

110. *Loo* (Dom Arnoul de), d'après J. Jouvenet. (25).
Très belle épreuve.

111. *Mailly* (François Card. de), d'après C. Vanloo. (26).
Très belle épreuve.

DUCHANGE (Gaspard)

112. *Legras* (Mme), fondatrice de l'Ordre des Sœurs grises.
(D. 523).
Très belle épreuve.

DUFLOS

113. *Lorraine* (Léopold Clément Prince de), d'après Varinot, in-4.
Très belle épreuve.

DUFLOS (Les)

114. *Berwick* (Duc de). — *Geoffroy* (J.), Abbé de St-Spire. —
Gondy (P. Card. de). — *Louis XV*, médaille. — *Marie
de Ste Thérése*, Carmélite de Bordeaux. — *Rousseau*
(J. B.). — *Tronson* (L.), Supérieur de St-Sulpice. —
Valois (Ad. de), Historiographe. — *Vintimille* (Card.de).
Neuf portraits in-8 et in-4.
Belles épreuves.

DUHAMEL

115. *Lebon*, Jurisconsulte. In-8, d'après Dufresne.
Très belle épreuve avant toutes lettres.

DUJARDIN (Karl).

116. *Vos* ; in-4 à l'eau-forte.
Belle épreuve.

DUNKER (B. A)

117. Mausolée avec portrait en méd. de *Albert Haller*, in-4 orné.
Très belle épreuve, marges.

DUPIN, DUPONCHEL

118. *Champmêlé* (Ch. Ch. de). — *Lebeau*. — *Longepierre* (H. B.
de Roqueleyve Baron de). — *Mairet* (J.). — *Méro* (H.
J.). — *Louis XV*. — *Marmontel*. 3 ép. Neuf portraits
in-18 et in-8.
Belles épreuves, une est avant la lettre.

DUPRÉEL

119. *Boccace* (J.), frontispice. — *Diderot*, 2 états. — *Grécourt*.
Quatre portraits in-8.
Belles épreuves, trois sont avant la lettre ou à l'eau-forte pure.

DUPUIS (N.)

120. Les Progrès des Etudes du Roy, 1718. Frontispice in-4
d'après Lagrenée.
Très belle épreuve avant toutes lettres.

EBERTS (I. H.)

121. Frontispice dédié au Baron Fred. Ulric de Frisendorff, d'après Boucher, in-4.

Très belle épreuve avant toutes lettres.

ECOLE ANGLAISE

122. *St-Helens* (Lord) ; in-4.

Très belle épreuve. marges.

EDELINCK (J)

123. *Sanson*, Géographe ; in-4.

Très belle épreuve avant toutes lettres.

EDELINCK, ERTINGER

124. *Commire* (J.), Frontispice. — *Faure* (Ch.), Abbé de Ste-Geneviève. — *Louis XIV.* - *Pithou* (Fr.). — *Saint Jérôme.* — *Solleysel* (J. de). — *Vleugels*, peintre. — *Ximénès* (Card. de). — *Sevin* (P. P.). Neuf portraits, in-8 et in-4.

Belles épreuves.

EICHLER, ERTINGER

125. *Galaizière* (Ant. de Chaumont de la). — *Clément XI.* — *Albani* (Card.). etc. Quatre portraits in-4.

Belles épreuves.

ESNAULT ET RAPILLY (A Paris chez)

126. *Charles*, aéronaute. — *Condamine* (de la). — *Diderot.* — *Erasme.* — *Henry de Prusse*, 2 états. — *Fréron.* — *Helvétius.* — *Hue de Miromesnil.* Neuf portraits in-8.

Belles épreuves avant les Numéros ; une est à l'eau-forte pure.

127. *Louis XIV.* — *Marmontel.* — *Montgolfier* (Et.). — *Montgolfier* (Jos.). — *Paul I*er. — *Rameau.* — *Raynal.* — *Turgot.* Huit portraits in-8.

Belles épreuves, sept sont avant les numéros.

ESNAULT et RAPILLY (A Paris chez).

128. *Marmontel*, 2 diff. — *Pichault de la Martinière*. — *Tourville*.
       Quatre portraits in-4.
Très belles épreuves avant la lettre.

FALCONET (P.)

129. *Coles* (F.), peintre. — *Paine* (J.) architecte. — *Walpole*
       (Horace). — *West* (B.), peintre. Quatre portraits in-4.
Belles épreuves.

FAUCEY, GARAND

130. Frontispice avec portrait de François Ier, Duc de Lorraine.
       — *Delattaignant*. — *Saint-Pierre* (abbé de), académicien.
       Trois pièces in 8 et in-4.
Belles épreuves.

FESSARD (Et.)

131. *Floncel*. — *Le Thieullier*, médecin. — Portrait d'un mathé-
       maticien. Trois portraits in-8 et in-4.
Belles épreuves, une est avant la lettre.

FICQUET (Et.)

132. *Chennevières*, in-8.
Très belle épreuve du Ier Etat avec la faute au mot *Sincère*.

133. *La Mothe Le Vayer* (F. de). In-8.
Très belle épreuve avant la lettre.

134. *Rousseau* (J. J.); in-8, d'après La Tour.
Très belle épreuve avant la lettre.

135. *Rubens* (P. P.); in-12.
Très belle épreuve en tirage à part.

136. *Arioste*, 2 diff. — *Corneille* (P.). — *Descartes*. — *Crébillon*.
       — *Molière*. — *Rousseau* (J.-B.). — *Saugrain*, Libraire.
       Huit portraits in-8.
Belles épreuves.

FICQUET (El.)

137. *Fagon*, médecin. — *Mignard*, peintre, 2 états. — *Prévost* (L'abbé). Quatre portraits in-8.

Belles épreuves, trois sont avec l'adresse d'Odieuvre.

FITTLER, FRANÇOIS, FREY

138. Titian's Schoolmaster, 2 états. — *Saint-Florentin*, ministre d'Etat, d'après Frédou. — *Dalen* (C. Van). — Portrait d'homme, d'après Rembrandt. Cinq portraits in-4.

Belles épreuves: deux sont en épreuves d'artiste.

FLIPART (J.-J.)

139. Frontispice pour l'Abrégé de la vie des plus fameux peintres — Frontispice avec portrait de Louis XV, 2 états. Trois pièces.

Belles épreuves. Deux sont avant la lettre ou à l'eau-forte pure.

FOKKE, FOLKEMA

140. Portrait de peintre et Frontispices ; trois pièces.
Belles épreuves.

FOSSEYEUX (J.-B.), FREEMAN, FUESSLI

141. *Hagnon* (J.-Ant.). — *Elisabeth*, reine de Bohème. — *Thurneiser* (I.I). Trois portraits in-8 et in-4
Belles épreuves.

FOSSIER (d'après)

142. *Crillon* (Le Duc de) ; in-4.
Très belle épreuve avant toutes lettres.

FRANÇOIS

143. *Joseph II*, jeune. — *Lorraine* (Ch. Alex. duc de). Deux portraits in-8 et in-4.
Belles épreuves, la 1re est avant la lettre.

GABRIELLI (A.)

144. *Louis XVII* ; in-8, d'après Miery.
Très belle épreuve avec la lettre grise.

GALLE (Corn.)

145. *Autriche* (Anne Marie d'). — *Chifflet* (J.-J.), Médecin. —
Dante (Le). — *Deckher* (J.). — *Urbain VIII*. — Six por-
traits in-8 et in-4.
Belles épreuves.

GAUCHER (C. E.)

146. *Dussault.* — *Hénault* (Le Présid.). — *Marmontel* (J. Fr.).
Trois portraits in-8 et in-4.
Belles épreuves, la 1re est avant la lettre.

GERMAIN

147. Feuille de figures grotesques. Eau-forte, in-4.
Belle épreuve.

GEYSER (C. G.), GILLBERG (J.). GIRARDET.

148. *Gellert* (C. F.), fabuliste. — *Gœthe*. — *Galiani* (L'abbé),
d'après Lefèvre. — *Chambrier* (F. de), 3 états. Six portraits in-18 et in-8.
Belles épreuves, la 3e est avant la lettre.

GIFFARD, GODEFROY, GRÉGORY

149. *Mabillon* (Dom. J.). — *Le Pelletier* (Jacq.). — *Marlbo-
rough* (M. de). — *Lami* (Giovanni). Quatre portraits in-8.
Belles épreuves.

GLINT (G.)

150. *Vilmot* (Miss Arabella Jane), d'après Hoppner, in-4 à la
manière noire.
Très belle épreuve avec la lettre au trait, grandes marges, rare.

GOLE (I.), GREEN (Val.)

151. *Nassau* (H. Casimir, Prince de). — *Tromp* (Corn.). —
Dobson's Father. Trois portraits in-8 et in-4 gravés à la
manière noire.
Belles épreuves.

GRAFF (A). **GUTTENBERG** (H.), **GUNST** (P. Van)

152. *Passe.* — *Mengs* (R.). — *Muelen* (Guill. van der). Trois
portraits in-8 et in-4.
Belles épreuves.

GRATELOUP (J -B. de)

153. *Bossuet* (J Benig.); in-8 en pied, d'après H. Rigaud (F. 1).
Très belle épreuve du 3ᵉ état avec la date, à toutes marges.

154. *Descartes* (René) ; in-8 d'après Hals (3).
Très belle épreuve avant toutes lettres sur papier de chine volant.

155. *Dryden* (John) ; in-8, d'après Kneller (4).
Très belle épreuve sur papier de chine volant.

156. *Fénelon*, in-8 d'après Vivien (5).
Très belle épreuve avant toutes lettres, grandes marges.

157. *Montesquieu* ; in-8 d'après Dassier (7).
Très belle épreuve à toutes marges.

GRAVELOT (Hub.)

158. *Pope* (Alex.), médaillon.
Belle épreuve, rare.

GUÉRIN (C). **HEIMLICH**

159. *Rohan* (L. C. Prince de), Evêque de Strasbourg. — *Heimlich*, peintre. Deux portraits in-4.
Très belles épreuves.

HAGORD (J.-B.), **HALBOU, HARDOUIN**

160. *La Motte Piquet* (G. de). Portraits d'inconnus. Trois pièces.
Belles épreuves.

HAID (J. E.)

161. *Fuessling* (J. G.) Peintre. — *Linguet.* — *Moshamm* (Chevalier F. X. de). Trois portraits in-4 à la manière noire.
Belles épreuves.

162. *Graff* (Ant.), Peintre, d'après lui-même.
Très belle épreuve.

HAINZELMAN, KLAUBER

163. *Boucherat* (L. de). — *Rauschmayr* (J.). — *Solleysel.* — *Tavernier*, Voyageur. Quatre portraits in-4.

Belles épreuves, la 3e est avant la lettre.

HEATH

164 *Cuny*, Botaniste, in-4.

Très belle épreuve avant toutes lettres.

HEINA, HENRIQUEZ, HEU

165. *Mancini de Nivernois*, 2 diff. — *Pierre 1er*. — *Devienne* (F.). Quatre portraits in-18 et in-8.

Belles épreuves.

HENNE (K.)

166. *Knapp* (G. Chr.), Théologien. In-8.

Très belle épreuve à la sanguine.

HOLLAR (W.)

167. *Arétin* (P.). — Portrait de femme d'après Martin Schœn Deux pièces.

Belles épreuves.

HOUBRAKEN (J.)

168. *Bogaert* (Ab.). — *De Lannoy* (Mme), 2 états. — *Fokke* (S.), graveur. — *Goeree* (Jan). — *Herbelot.* — *Louis XV*, 2 diff. — *Moor* (K. de). — *Nassau* (Duc de). — *Noms* (Jan). — *Paoli* (Le gal). — *Wolters* (Henriette) — *Werkolye.* Quatorze portraits in-8 et in-4.

Belles épreuves, sept sont avant la lettre.

HUBER, HUBNER, HUCK

169. *Duguay-Trouin.* — *Seguier* (Chancelier). — *Tourville.* — Frontispices pour un ouvrage de médecine et pour les Métamorphoses d'Ovide. Cinq pièces.

Belles épreuves, trois sont avant la lettre ou à l'eau-forte pure.

HUOT. HUTIN

170. *Court de Gebelin* (A.). — *Silvestre* (L. de), Frontispice. —
Portrait d'abbé. Trois portraits in-4.
Très belles épreuves, la 3ᵉ est avant la lettre.

HURET (G.)

171. *Boyceau* (J.), Sʳ de la Barauderie. — *Nemours* (H. de Sa
voie, Duc de). Deux portraits in-4.
Très belles épreuves, la 1ʳᵉ est avant la lettre.

INGOUF

172 Poètes et prosateurs. Douze portraits in-18.
Belles épreuves, neuf sont avec la lettre grise.

INGOUF. JACQUINOT. JARDINIER

173. *Flipart* (J. J.), graveur. — *Gessner* (Sal.). — *Jeaurat*
(Edm. Séb.). — *Moreau* (J. Mic.), chirurgien. Quatre
portraits in-4.
Belles épreuves.

JODE (P. de)

174. *Autriche* (Ch. d'). — *Autriche* (Ch. Archiduc d'). — *Lon-
gueval* (C. A. de). — *Philippe II*. — *Ricciardi* (Th.).
Cinq portraits in-4.
Belles épreuves.

JOHN (F.)

175. *Liechtenstein* (Carl. Furst von). In-4 d'après Weickhart.
Très belle épreuve, imprimée en bistre.

KAUFFMAN (Ang.)

176. *Dietrich*. — *Winckelmann* (J.). Deux portraits in-8 et in-4
gravés à l'eau-forte.
Belles épreuves.

KELLER, KLAUBER

177. *Fries* (M. Cᵗᵉ de), d'après Mᵐᵉ Lebrun. — *Frédéric II*. Deux
portraits in-8.
Très belles épreuves. La deuxième est avant toutes lettres.

KEYL (M.)

178. *Palitzsch* (J. Q.)., astronome. Dresde, 1667. In-4.
Très belle épreuve.

KINIG (J.)

179. *Bologne* (Jean de). In-4.
Très belle épreuve.

KININGER

180 *Fries* (Le Comte de), d'après Füger. In-4, à la manière
noire.
Très belle épreuve avant la lettre. Grandes marges.

LA LIVE (De), LANDRY, NÉE

181. *Jomelli* (N.). — *Manesson Mallet*. — *Laborde* (Mme). Réim-
pression. Trois pièces.
Belles épreuves.

LANGLOIS, LAPI

182. *Vignole*, 2 états. — *Dominiquin* (Le). — *Pétrarque*. —
Laure. — *Arioste*. — *Dante*. — *Tasse* (Le). Neuf por-
traits in-8 et in-4.
Belles épreuves. Six sont avant la lettre ou avec la lettre grise.

LANGLOIS (P. G.), LEMPEREUR, LEVASSEUR

183. *Garrel* (J.). — *Argenson* (Le Cte d'). — *Potier*. — *Coppette*
(L'abbé). Quatre portraits in-4.
Belles épreuves. Deux sont avant la lettre.

LARMESSIN (De)

184. *Bion*, mathématicien. — *Cotolenky* (Ign.). — *Turenne*. Trois
portraits in-4.
Belles épreuves. La première est avant la lettre.

LARMESSIN (De), BOISSEVIN

185. Souverains, Reines. Magistrats, Maréchaux, etc. Dix portraits in-4.
Très belles épreuves.

LASNE (M.)

186. *Brunyer.* — *Petau* (D.). — *Quesnel* (Fr.). — *Scudéry.* — *Verdun* (L. de). — *Villeroy* (N. de Neufville). Six portraits in-8 et in-4.

Belles épreuves

LE BAS, LEBERT, LÉLU (P.)

187. *Vignole,* frontispice. — *Louis XVI,* jeune. — *Romé de l'Isle* (J.-B.-L. de). Trois portraits in-8 et in-4.

Belles épreuves.

LE BLOND de Toulouse

188. *Médan* (Toussaint). Expert écrivain. In-8 en larg.

Belle épreuve.

LE CLERC (Séb.)

189. L'Apothéose d'Isis, présentée à Mlle la Princesse de Bourneville. In-4.

Belle épreuve.

LE GRAND

190. *Crillon* (Duc de). Ovale in-4.

Très belle épreuve imprimée en couleurs.

LE MIRE (N.). — LE PRINCE (J.-B.)

191. *Grimaldi* (L. A. de), Evêque du Mans. — *Poullain de Saint-Foix.* — Frontispice du Roué Vertueux. Trois pièces.

Belles épreuves.

LE PAGELET

192. *Albon* (Camille d'); in-8.

Très belle épreuve imprimée en sanguine

LÉONI d'après Octave

193. *Léoni* (Oct.). — *Marin* (J.-B). — *Bernin* (J.-L.). — *Ronchals* (Chr.). — *Tempesta* (Ant.). Cinq portraits in-8.

Belles épreuves.

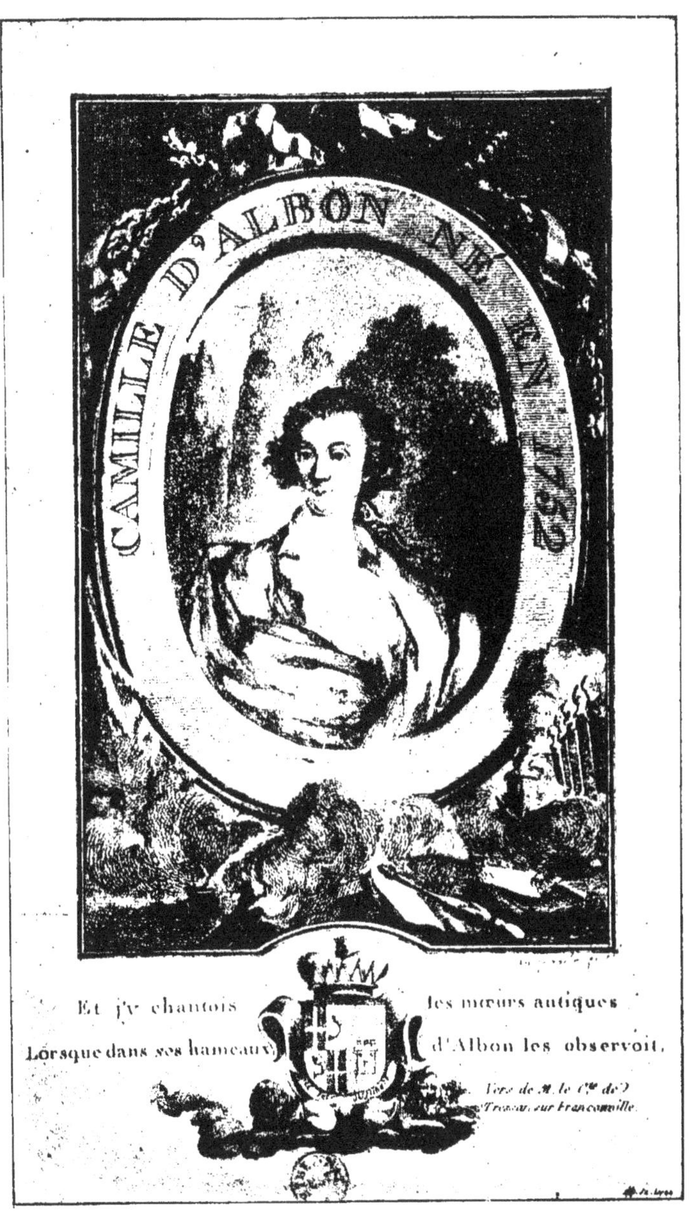

N° 192 — Le Pagelet.

LE PAUTRE, LE ROY, LEVESQUE

194. *Chesneau* (Henry). — *Maine* (Duc du), Frontispice pour
un ouvrage sur l'artillerie. — *Hallé* (P.). — *Hay* (Aug.
Eug.). Quatre portraits in-4.
Belles épreuves.

LE ROY (J.)

195. *Dubut* (Ch. E.), Curé de Viroflay. — *Tassoni*. Deux portraits in-18 et in-4.
Très belles épreuves, la 2ᵉ est avant la lettre.

LEU (Th. de)

196. *Hopel*. — *Bourbon* (Ch. Card. de). — *Saint Dominique*. —
Sénèque. Quatre portraits in-8.
Très belles épreuves.

LEVACHEZ

197. *Masséna*, général en chef ; in-8.
Très belle épreuve imprimée en couleur. Grandes marges.

LEVESQUE (P. Car.)

198. *La Vrillière* (Phelippeaux de) in-4, d'après L. M. Van Loo.
Très belle épreuve avant la lettre, grandes marges

LE VILLAIN

199. *Du Four de Villeneuve* (J. Fr.), Lieutenant civil au Châtelet de Paris ; in-4.
Belle épreuve.

LIEBE, LIPS, LITTRET

200. *Alembert*. — *Marmontel*. — *Piron*. — *Dante*. — *Corsini* (B.).
— *Fortiguerra* (N.). — *Favart*. Sept portraits in-18 et in-8.
Belles épreuves, une est avant la lettre.

LINGÉE (Mme)

201. *Colardeau* (Ch. P.), Académicien, d'après Trinquesse ; in-4.
Belle épreuve du 2ᵉ État.

LIOTTIER (Ch.)

202. *Suffren* (P. A. de), Vice-amiral de France; in-4 au pointillé, d'après Gibelin.

Très belle épreuve à toutes marges.

LIPS

203. *Gœthe*, in-4, cadre orné.

Très belle épreuve.

LITTRET DE MONTIGNY (Cl. A.)

204. *Malvin de Montazet*. Archevêque de Lyon, d'après L. M. Van Loo, in-fol.

Belle épreuve avant la lettre.

LOIR, LOMBART, LONGUEIL (de)

205. *Louis XIV*, médaille. — *Dallé* (Jean). — *Ossat* (Arn. d'). — *Bossuet*, 2 états. Cinq portraits in-8 et in-4.

Belles épreuves.

LUCAS (P.), de Toulouse

206. Portrait de l'artiste. — Frontispice. Deux pièces gravées à l'eau-forte.

Belles épreuves, rare.

MACRET, MALAPEAU, MALEUVRE

207. *Chardin* (J.). — *Sannazar*. — *La Lande* (de). Trois portraits in-4.

Belles épreuves, la 2ᵉ est avant la lettre.

MANFREDI (Em.), MÉCHEL (Chr. de)

208. *Charles III*, roi d'Espagne et des Indes. — *Lostanges* (A. L. Mᶦˢ de), Maréchal des camps. — *Wutky* (Michael), peintre rural. Trois portraits in-4.

Belles épreuves.

MARAIS

209. Frontispice pour la Galerie de Florence, in-4 d'après Moitte.

Epreuve à l'eau-forte pure.

MARCENAY DE GUY

210. *Argenton* (M. P. de Voy. de P. d'). — *Bayard*. — *Berghe* (Cte de), 3 états diff. — *Charles Ier*. Epr. d'essai. — *Charles V. — Charles VII*. Huit portraits in-8 et in-4.

Très belles épreuves, trois sont avant la lettre.

211. *Chastenet de Puységur*; in-4.

Très belle épreuve d'essai, avec paysages sur la marge de gauche.

212. *Eugène* (Le P^{ce}). — *Henri IV. — Hospital* (de l'). — *Jeanne d'Arc. — Legoux de Gerlans*. Cinq portraits in-8 et in-4.

Belles épreuves.

213. *Marie-Antoinette de Bavière*, in-4.

Très belle épreuve à toutes marges.

214. *Paoli* (Le G^{al}). — *Sage* (B. G.), 2 ép. — *Saxe* (le M^{al} de), 2 états. — *Stanislas Auguste. — Sully. — Thou* (de). — *Turenne*, 2 états. — *Villars* (M^{al} de). Onze portraits in-8.

Très belles épreuves.

215. *Tintoret* (Le), 3 états. — *Van Dyck*, 5 états. Huit portraits in-8.

Très belles épreuves.

216. *Rembrandt*, 2 états. — Le Vieillard atrabilaire, 2 états. — Le Vieillard à la toque, 5 états. — La dame aux perles, 4 états. — L'homme à la plume blanche donnant la main à une jeune femme, 3 états. — Portraits divers. Vingt-trois pièces.

Très belles épreuves, dont plusieurs états, rares.

217. Le Château de Cartes, d'après Chardin ; in-8.
Très belle épreuve avant la lettre.

218. Paysages et sujets divers. Dix-sept pièces.
Plusieurs sont en épreuves d'artiste.

MARILLIER (d'après)

219. *Corneille* (P.), cul-de-lampe par de Ghendt, pour les Fables
  de Dorat.

  Belle épreuve en tirage hors texte, grandes marges.

MARIETTE

220. *Crozat* (l'abbé). — *Masegré* (Moyses). — *Pavillon*, Evêque
  d'Alès. Trois portraits in-18.

  Très belles épreuves. La 3e est avant la lettre.

MARK (P.).

221. *François II.* — *Marie-Louise*, grande duchesse de Toscane,
  — *Pellegrini* (Cte de). — *Rada* (B^on de). Quatre portraits
  in-8 ou in-4.

  Belles épreuves, la 1re est tirée en bistre.

MASQUELIER, MARIAGE

222. *Cigoli* (Le). — *Dominiquin* (Le). — *Michel*, violoniste. —
  Pythagore. 2 états. — *Linguet*. Six portraits in-12 et in-4.

  Belles épreuves, trois sont avant la lettre ou a l'eau-forte pure.

MASSOL

223. *Chalier*. Méd. in-18 d'après Queverdo.

  Très belle épreuve imprimée en couleur.

MATHAM (.)

224. *Marie de Médicis* assise sous un dais. Vue de ville dans le
  fond. In-4, sans signature.

  Belle épreuve.

MECHEL (Chr. de).

225. *Mechel* (Ch. de). 2 diff. — *Elliot* (Gal G.). — *Euler*. — *Hell*
  (Fr. J. Ant.). — *Iselin* (Isaac). — *Léopold II.* — *Pfyffer*
  (Louis). Huit portraits in-8 et in-4.

  Très belles épreuves, une est avant la lettre.

MELLAN (Cl.).

226. *Favre* (Ch.). — *Hiérome* (Le Père) de Nancy. Deux portraits in-4.
Belles épreuves.

MÉRIAN

227. *Gutter* (G.), peintre. In-4.
Belle épreuve.

MEUNIER, MEYSSENS

228. *Rey* (Ant. Cl.), Ecuyer. — Frontispice in-4 d'après Superchy.
— *Reede* (J. de). — *Segers* (D.), etc. Cinq portraits in-4.
Belles épreuves, dont une avant toutes lettres.

MIGER

229. *Cuvier* (Georges). — Portraits de la famille des Bourbons. Cinq portraits in-4.
Belles épreuves, la première est avant la lettre.

230. *Van Loo* (L. M.). In-fol.
Rare épreuve à l'eau-forte pure.

MOITTE. MORGHEN (Raph.). MAILLET

231. *Shakspeare.* — *Charles III.* — *Charles IV* d'Espagne. — *Miller.* Quatre portraits in-8 et in-4.
Belles épreuves.

MONCORNET

232. Hommes d'Etat. Ministres. Clergé, etc. Quatorze portraits in-8 et in-4.
Belles épreuves.

MULLER (G. A.).

233. *Sigismond*, Cardinal de Cologne, d'après J. Van Schuppen. In-fol.
Très belle épreuve.

NANTEUIL (Rob.)

234. *Anne d'Autriche*, Reine de France. Buste fort comme nature. (R. D. 30).
Belle épreuve du 2e état *avec le crochet.*

NANTEUIL (Rob.)

234 bis. *Barberin* (Ant.), Cardinal (R. D. 30).
Très belle épreuve.

235. *Beaumanoir de Lavardin* (Ph. Em. de), Evêque du Mans,
d'après Ph. de Champagne (34). — *Blanchard* (Fr.).
chanoine (39). Deux portraits in-fol.
Belles épreuves.

236. *Charles II* de Gonzague Clèves, Duc de Mantoue et Mont-
ferrat (62).
Très belle épreuve.

237. *Estrées* (César d'), cardinal (92).
Belle épreuve.

238. *Mallier du Houssay* (Fr.), Evêque de Troyes (167).
Très belle épreuve du 2ᵉ état.

239. *Mazarin* (Jules), Cardinal (175).
Très belle épreuve du 1ᵉʳ état.

240. — Le même personnage (182, 185), deux portraits.
Belles épreuves.

241. *Mercœur* (Duc de) (189). — *Mesmes* (Le Présid. Henri de).
(191). Deux portraits.
Belles épreuves.

242. *Mesmes* (Le Présid. Jean Ant. de) (192), 1ᵉʳ état. — *Molé*
(Mathieu), Homme d'état (194). Deux portraits.
Belles épreuves.

243. *Molé* (François), abbé de Ste Croix à Bordeaux (195).
Très belle épreuve.

244. *Mouhy* (H. de Lorraine Chaligny, Mⁱˢ de) (197).
Très belle épreuve du 1ᵉʳ état.

245. *Nemours* (Henry II de Savoie, Duc de), Archevêque de
Reims (198).
Très belle épreuve du 1ᵉʳ état.

NANTEUIL (Rob.)

246. — Le même personnage (199).
Très belle épreuve du 1er état.

247. *Nesmond* (Fr. de), Evêque de Bayeux (202).
Très belle épreuve du 2e état.

NATALIS, NÉE, OESER

248. *Méan* (Ch. Baron de), Juriconsulte Belge. — *Lecamus*,
Avocat. — *Winkelmann*. Frontispice. Trois portraits
in-4.
Belles épreuves.

NICOLLET (B. A.)

249. *Clémence* (G. J.), Chanoine de Rouen. — *Peronneau*, d'a-
près Cochin. — *Sayffert* (Dr), docteur médecin. Trois
portraits in-4.
Belles épreuves.

ODIEUVRE

250. *Odieuvre*, peintre et marchand d'Estampes ; in-8 par Car-
mona.
Très belle épreuve, rare.

251. Académiciens, Littérateurs, Poëtes, Graveurs, Peintres,
Sculpteurs, Comédiens. Dix-huit portraits.
Très belles épreuves.

252. Cardinaux, Evêques, Dominicains, Ministres protestants.
Vingt-un portraits.
Belles épreuves.

253. Souverains, Amiraux, Ministres d'Etat, Maréchaux, etc.
Vingt portraits.
Très belles épreuves.

254. *Charles Ier*. — *Charles Alexandre de Lorraine*. — *Lalouette*.
Languet de Gergy. — *Le Gendre*. — *Maupeou*. — *Du
Maine*. — *Mehemet-Effendi*. — *Marin Mersenne*. — *Mes-
nager*. — *Ch. d'Orléans*, abbé de Rothelin. — *P. Puget*.
Douze portraits in-8.
Très rares épreuves avant la lettre ; on y a joint neuf portraits avec
la lettre ensemble vingt-une pièces.

ODIEUVRE

255. *Poussin* (Nic.). 1er État. — *Saxe* (M. de). — *Pierre Ier.* —
Goltius (H.). — *Guerchin* (Le). — *Michel Ange.* — *Titien*
(Le). Sept portraits in 8.

Belles épreuves du 1er tirage.

PASCH (G. L.)

256. *Strogonoff* (Alex. Cte de). In-4 d'après C. N. Cochin le fils,
1775.

Très belle épreuve, marges.

257. *Paul Petrowitz*, Grand Duc de Russie. In-4 d'après Voille.

Deux épreuves d'états différents.

PATAS

258. *Aguesseau* (D'). — *Bar* (Duc de). — *Clermont Tonnerre*
(Mal de). — *Hue de Miromesnil.* — *Vrillière* (Duc de la).
Cinq portraits in-4 en pied, avec entourage, pour le Sacre
de Louis XVI.

Très belles épreuves.

PATAS, PONCE, PREISLER

259. *D'Après de Mannevillette* (J. B. N. D, d'après Mells Mabile.
— *Montesquieu*, d'après Marillier. — *Gramme* (Jean),
d'après Wohl. Trois portraits in-4.

Très belles épreuves, la 2e est à l'eau-forte pure.

PELICIER (J.)

260. *Franklin* (Benj.). — *Pierre Ier*, frontispice. Deux portraits
in-4.

Belles épreuves, la 2e est avant toutes lettres.

PÉRIÉ, PETIT

261 *Boyveau Laffecteur.* — *Titon* (J. B. M.). — *Crébillon* (Jo-
lyot de). Trois portraits in-4.

Belles épreuves, deux sont avant la lettre.

PFEIFFER (C.)

262. *Grassi* (Joseph), peintre, d'après lui-même. In-4.
Très belle épreuve en bistre.

263. *Engerstrom* (Laur. d'), Gentilhomme danois. — *François
II*, Empereur. — *Jacquet* (Anna Adamberger geb.) actrice.
Trois portraits in-8 et in-4.

Très belles épreuves, deux sont avant toutes lettres imprimées en
bistre.

PICHLER

263 *bis* *Schwartzenberg* (Le Gén.) d'après Füger. In-fol. à la
manière noire.

Superbe épreuve avant toutes lettres, imprimée en bistre.

PIERRON. PICART (B.)

264. *Gérard de Lairesse.* — *Louis XIV.* Frontispice. — *Mon-
treuil* (M. de). — *Picart le Romain* (Et.), 3 ép. — *Saint
Philippe de Néri.* — *Tromp* (L'amiral). — *Verzuzo de
Heretti.* — *Wigmana* (G.). Frontispice pour une histoire
de France. Onze pièces in-8 et in-4.

Belles épreuves.

PINSSIO

265. *Guignon*, roi des violons. In-8.
Très belle épreuve avant toutes lettres.

PLONSKI

266. Portrait de l'artiste, entouré de différents sujets, gravés à
l'eau-forte. 1805.

Très belle épreuve.

POILLY

267. *Barrelier* (Jac.). Frontispice — *Gabrielle de Jésus-Maria.*
d'Abbeville. — *Souillac* (J. G de), 2 états. Quatre portraits in-8 et in-4.

Belles épreuves, une est avant lettre.

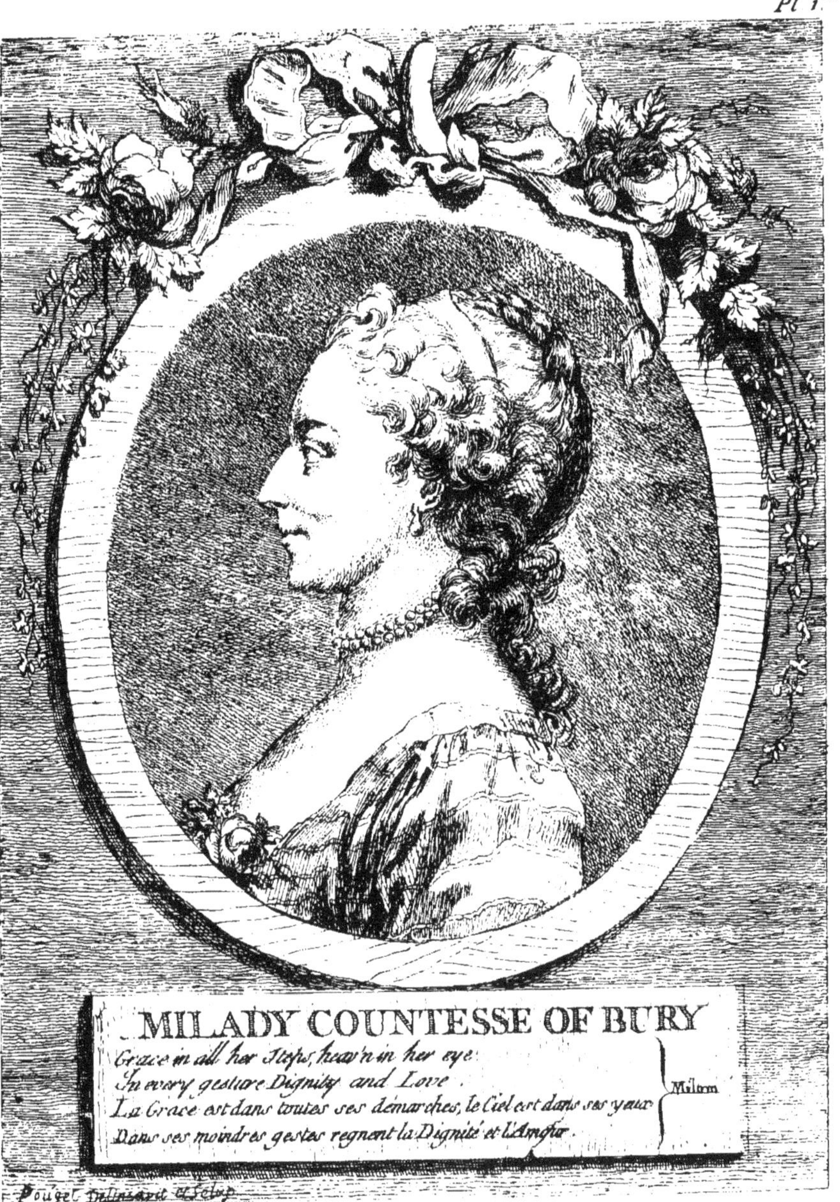

Pouget Delineavit et Sculp.

Dessigned and engraved by her Obedient Servant Pouget Jeweller at the Sign of the Posy of Diamonds
on the Goldsmith's Quay at Paris.

N 272. Pouget

POILLY (J.-B.). ROULLET (J. L.)

268. *Clève* (Corneille Van), sculpteur. — *Poilly* (Fr. de) d'Abbeville, graveur. Deux portraits in-4 et in-fol.
Très belles épreuves.

POMPADOUR (Mme de), PONCE, PLOLSTEYN

269. Triomphe de Fontenoy. — *Homère.* — *Trincano.* — *Villars.* — *Aguesseau.* — *Mansart.* — *Paw* (Adr.). Sept
pièces in-4.
Belles épreuves.

PONCE (N.)

270. *Deshoulières* (Mme et Mlle). — *Labbé* (Louise). — *Louvan-
court* (Mlle de). — *Sapho.* Quatre vignettes têtes de pa-
ges, d'après Marillier.
Très belles épreuves en tirage à part, grandes marges.

PONTIUS (Paul)

271. *Beaufort* (J. Baron de Beek, Sr de). — *Lamboy* (G. Baron
de). — *Raphaël.* — *Segers* (D.), Jésuite. Quatre portraits
in-4.
Belles épreuves.

PORTMAN (L.)

272. *Gall* (Dr Fr. J.). — *Rau* (S. F. J.). Deux portraits in-8.
Belles épreuves.

POUGET

273. *Bury* (Milady Countess of). Eau-forte, in-8.
Très belle épreuve à toutes marges.

PREISLER (G. M.)

274. *Campiglia*, d'après lui-même. In-4.
Très belle épreuve avant la lettre.

PRUNEAU (N.)

275. *Chenizel* (Guiot de). — *Lorry.* — *Sue* (J. J.). Trois portraits in-8 et in-4.
Belles épreuves.

QUEVERDO (Aquafortiste)

276.   *Monge* (Gaspard). Ovale in-4.

Deux épreuves avant la lettre, dont une a l'eau-forte pure.

RANSONNETTE, REGNESSON

277.   *Buffon. — Platon. - La Salle* (Eust. de). Trois portraits
in-8 et in-4.

Belles épreuves, la 1re est avant la lettre.

RIDÉ, ROUSSEAU (J. F.)

278.   *Turenne* (Vte de), d'après Sergent. — La Vierge aux rai-
sins d'après Van der Werff. — Frontispice pour les Œu-
vres de Térence. Trois pièces.

Belles épreuves, la 1re est en couleur.

ROCHARD, ROCHEFORT, RODE

279.   *Malherbe*, 2 états. — *Bourdaloue.* — *Rode* (B.), graveur.
- Frontispice avec portrait de H C. Winter. Cinq
pièces.

Belles épreuves, deux sont avant la lettre ou à l'eau-forte pure.

ROMANET

280.   *Charles Théodore*, Comte Palatin du Rhin, d'après Battoni.
- *Royllet* (H. Séb.), d'après de Forville Deux portraits
in-4.

Belles épreuves, la 1re est avant toutes lettres.

ROMANET, ROULLET, ROUSSELET

281.   *Court de Gébelin* (Ant). — *Alexandre VIII*, pape, 2 états
diff. — *Farnèse* (Od. Quatre portraits in-4.

Belles épreuves

ROUSSEAU (Louis)

282.   *Juliet*, acteur, 2 diff. 1792 et 1793.

Très belles épreuves en couleur.

ROWLANDSON

283. The Golden Apple or the Modern Paris. (Le Prince de
Galles et les Duchesses de Ruthland, de Gordon et de
Devonshire).

Très belle épreuve coloriée. Marges.

RUGENDAS (G. P.)

284. *Léopold*, comte de Daun, in-4, à cheval.

Très belle épreuve en couleur rehaussée d'or.

RUOTTE. SAINT-AUBIN (A. de)

285. La famille Royale, 2 diff. — *Louis XII, Henri IV et
Louis XVI.* Trois pièces, d'après Sauvage.

Belles épreuves.

SAFTLEVEN (H). SANDRART (S.)

286. *Saftleven* (Herman). — *Staden* (S. Th.). Deux portraits in-4.
Belles épreuves.

SAINT-AUBIN (Aug. de)

287. *Amelot* (J.-A.), Secrétaire d'État ; in-4.

Belles épreuves des 1er et 2e États.

288. *Alembert* (D'). — *Barthélemy.* — *Buffon.* — *Cochin le fils*
(C. N.), 2 ép. — *Dolomieu* (D. de). — *Gluck.* — *Lan-
guet de Gergy.* — *Monet.* — *Pigalle* (J.-B.). — *Pommyer*
(L'abbé). Onze portraits in-8 et in-4.

Belles épreuves, une est avant la lettre.

289. Portraits publiés dans le Voltaire. Edition de Renouard.
Vingt-huit pièces in-12.

Très belles épreuves. Vingt-cinq sont avec la lettre grise et une à
l'eau-forte.

290. Portraits gravés pour les *Mémoires du comte de Grammont.*
Six pièces in-8.

Belles épreuves, trois sont avec la lettre grise et une à l'eau-forte.

SAINT NON. SARDSANE (M.)

291. Le Gazetier, d'après Wille. -- *Bergasse* (Nic.). Deux pièces in-4.

SAVART

292. *Alembert* (D'). In-8.
Très belle épreuve avant toutes lettres.

293. *Bayle*. In-8.
Très belle épreuve avant toutes lettres

294. *Bossuet* (J. Ben.). In-8, d'après H. Rigaud.
Deux épreuves avec Barrière de Fontarabie, et avant la lettre.

295. *Bossuet* (J. Ben.). in-8, d'après H. Rigaud.
Belle épreuve avec l'adresse : *Barrière de Fontarabie.*

296. *Catinat* (M^{al} de). In-8.
Très belle épreuve du 1er état avant toutes lettres.

297. *Deshoulières* (Mme). In-8 d'après Sophie Chéron.
Très belle épreuve avant la lettre, le nom de l'artiste gravé à la pointe.

298. *La Bruyère* (J. de) In-8 d'après Saint Jean
Très belle épreuve avant toutes lettres.

299. *Richelieu* (Card. de) In-8.
Très belle épreuve avant toutes lettres.

300. *Alembert* (J. d'). — *Bayle*. — *Boileau*. — *Buffon*. — *Fénelon*. — *Tasse* (Le). Six portraits in-8.
Belles épreuves.

SCHELLENBERG. SCHINDELMAYER. SCHMUTZER

301. *Lavater.* - *Barthélemy* (*l'abbé*). — *Weirotter.* Trois portraits
in-8 et in-4.
Très belles épreuves.

SCHENCK (P.).

302. *Gérard de Lairesse.* — *Jacques II.* — *Kneller* (God.). — *Marie,
Reine d'Anglerre.* — *Schalken* (God.). Cinq portraits
in-4, gravés à la manière noire.
Très belles épreuves.

SCHIAVONETTI J.).

303. *Cuningham* (Le Poëte). — *York and Albani* (His R. H. Fred.
duc de). — *Paul I*er Trois portraits in-8 et in-4.

Très belles épreuves, la 1re est avant la lettre.

304. *Louis XVI.* — *Marie-Antoinette.* Deux portraits in-8 faisant
pendants.

Très belles épreuves. la 1re est avant toutes lettres.

SCHLEY (J. Van). SCOTIN (J.-B.).

305. *Bourdeillle* (André Baron de). — *Charles XII.* — *Le Noble*
(Eust.) — *Camus* (N. P.) Sr de Pontcarré. — *Legendre*
(L.). Cinq portraits in-8 et in-4.

Belles épreuves.

SCHMIDT (G. F.)

306. *Blume* (Ch. Fr.) (J. 65).

Très belle épreuve, rare.

307. *Goerne* (Fred. de). — *Muller* (Fr. L.). — *Oertel* (Fr.).
(68. 70). Trois portraits.

Très belles épreuves.

308. *Milton* (J.). — *Périchon* (C.). — *Rousseau* (J. B.). — *Sana-
don*, jésuite. — *Thévenard* (G. V.). — *Villars* (Duc de).
Six portraits in-8.

Belles épreuves du 1er tirage avec l'adresse d'Odieuvre.

309. *Dinglinger.* — *Rembrandt.* — *Rembrandt* (La mère de).
Trois portraits in-8 gravés à l'eau-forte.

Très belles épreuves.

SCHULE (C.).

310. *La Roche* (Mme), actrice. In-8.

Très belle épreuve.

SCHUPPEN (P. Van)

311. *Marche* (Gisb. de la), Evesque. — *Noailles* (Ant. de), Amiral de Guyenne. — *Noailles* (Fr. de), Evêque d'Acqs et ambassadeur en Angleterre. Trois portraits in-4.

Très belles épreuves : la troisième est avant la lettre.

312. *Thomassin* (R. P. Louis), de l'Oratoire ; in-4

Très belle épreuve.

SCHUTZE

313. *Trippel* (Alex.), statuaire suisse ; in-4 d'après Clémens, 1773.

Très belle épreuve.

SEUPEL (J. A)

314. *Chamilly* (N. Bouton, Mis de. — *Tarade* (J. de). Deux portraits in-4.

Belles épreuves.

SIMONNEAU

315. *Lenain de Tillemont* (Séb.) — *Mabillon*. — *Serroni* (Hy.). — *Thomas* (P), Sgr de Fossé. Quatre portraits in-8 et in-4.

Belles épreuves.

SINTZENICH

316. *Mengs* (Raph.). — *Frédéric Guillaume III*. Deux portraits in-8 et in-4.

Belles épreuves : la 1re est avant la lettre imprimée a la sanguine.

SMITH (Benj.)

317. *Smith* (Wm), Esq. In-8.

Très belle épreuve imprimée en bistre, avec la lettre grise, a toutes marges.

SOMER (van), SORNIQUE (D.)

318. *Besnard* (S.), peintre. — Essai de médaillon sur la convalescence du Roy Louis XV. Deux pièces.

Belles épreuves.

SPECHT (I)

319. *Wolthers*, d'Amsterdam ; in-4 à la manière noire d'après
J. Braedles.

Très belle épreuve avant la lettre.

STEKIUS, STELLA(J.), STURM (J. G.)

320. *Leyde* (Lucas de). — *Stella* (J.. — *Rameau* J. Ph.). Trois
portraits in-4.

Belles épreuves.

SUYDERHOFF (L.)

321. *Keiser* (H. de). In-4.

Belle épreuve.

TANJÉ (P.)

322. Son portrait d'après lui-même. — *Imhof* (G. W. Baron of).
Deux portraits in-fol.

Belles épreuves, la 1re est avant la lettre.

TANJÉ, VINKELÈS, VRIDAG

323. *Wassenberg*. — *Braamkamp*. — *Elsevier*(J. J.). — *Froben*
(J.). — *Noms* (J.), 2 états. — *Rutgers* (J.). — Portrait
de Pape. — *Willem I*er, Pce d'Orange. Huit portraits in-8
et in-4.

Belles épreuves, trois sont avant la lettre.

TARAVAL

324. *Taraval* (G. Raph.). — *Caylus* (Cte de). Deux portraits in-4.

Belles épreuves.

TARDIEU

325. *Bédigis* (Mme de), assise et écrivant ; in-4 en larg., d'après
Berlin.

Très belle épreuve.

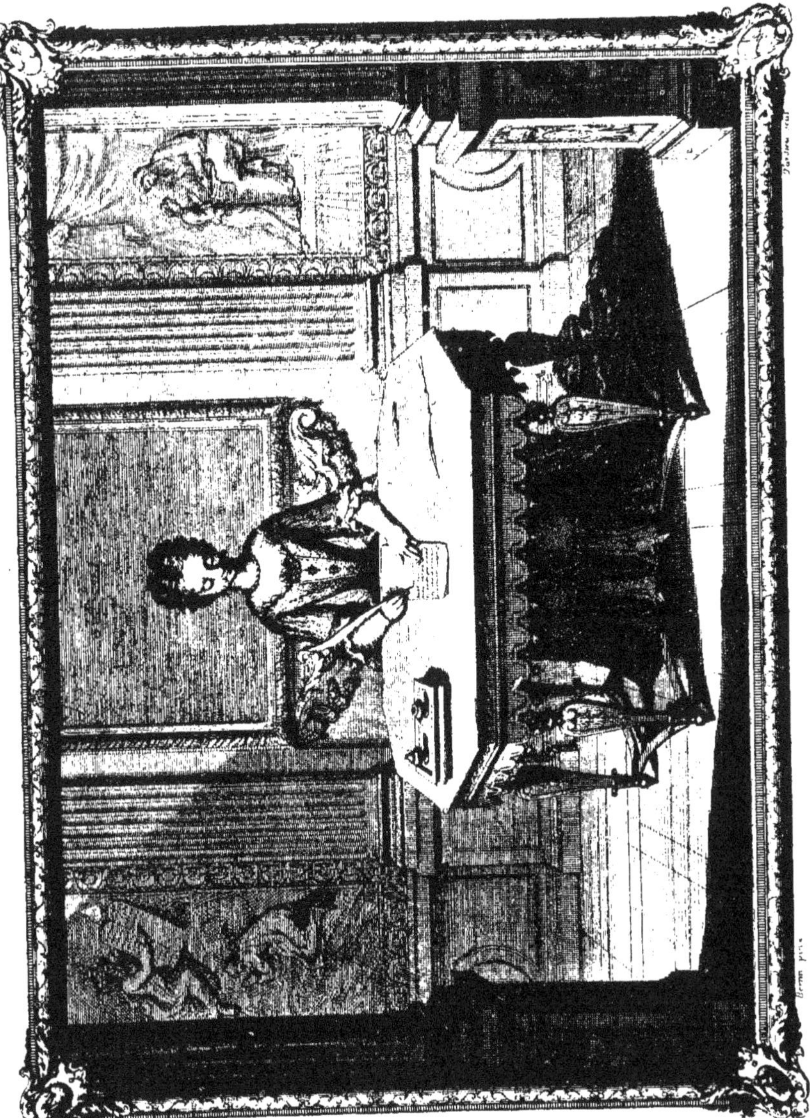

N° 325. — Tardieu.

TARDIEU (Les)

326. *Aunillon* (L'abbé). — *Coypel* (Ch. A.). — *De La Croix*
(La V. M. Fr.) — *Fénelon.* — *Garsault.* — *Guillier* (Ch.).
— *Haller* (Alb. de). — *Mesenguy* de Beauvais, 2 diff. —
Perreton (Cl.), oratorien. — *Philippe* (Mʳ). — *Pollard*
(Nic.) — *Rosier* (L'abbé), agronome. — *Villemsens* (J. de).
— *Vitet*, médecin. Dix-sept portraits in-8 et in-4.
Belles épreuves. Trois sont avant la lettre.

THOMASSIN (S.)

327. *Caravage* (Le). — *Chamilly* (N. B. Mⁱˢ de). — *Cignani* (C.).
Innocent XII, pape. — *Jacques II*, d'Angleterre. Cinq
portraits in-8 et in-4.
Très belles épreuves.

TRIÈRE

328. *Coyer* (Gab. Fr.) — *Fénélon.* — *Parmentier.* — *Rousseau*
(J.-J.), frontispice. Quatre pièces in-18 et in-4.
Belles épreuves. Deux sont avant la lettre.

TSCHÉMÉSOFF (E.)

329. *Tschémesoff* (E.), graveur. — *Bourchard* (Chr.), de Münich.
Deux portraits in-4.
Très belles épreuves. Rare.

TROUVAIN

330. *Le Tourneux* (Nic.) — *Simon* (P.) — *Ximénès* (card.). Trois
portraits in-8 et in-4.
Belles épreuves.

TYROFF (M.)

331. *Tyroff* (Martin), graveur. — *Princesse* allemande. —
François, Empereur. Trois portraits in-8 et in-4.
Très belles épreuves.

TOWNLEY

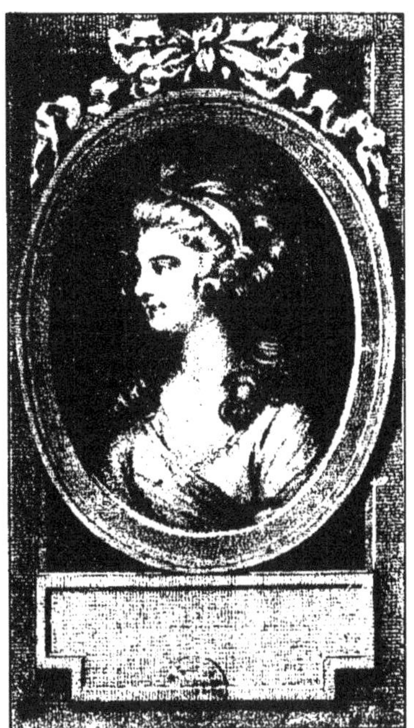

332. *Prusse* (Fred. Charlotte. Ulr. Cath. P^sse de). In-18. d'après
Cuningham.

> Très belle épreuve avant toutes lettres imprimée en bistre. Grandes
> marges.

333. *Prusse* (Fred. Will. II Kœnig von). Pet. méd. in-18, d'après
Cuningham.
> Très belle épreuve.

THOMAS, TOMKINS

334. *Mirabeau* (Mis de). — *Lenoir*, éditeur. Deux portraits in-8
et in-4.

> Très belles épreuves avant la lettre.

VALLÉE (Simon)

335. *Savary* (J. Fr.) (D. 2353).
Belle épreuve.

VALLÉE, VANGELISTI

336. *Taisand.* — *Verlac de la Bastide* (B. L.). — *Cochin* (J.-B.
Fr.), aumônier. — *Tourville* (M^{al} de). Quatre portraits
in-8 et in-4.

Belles épreuves. La quatrième est avant la lettre.

VANDELAAR (J.), WOLFFGANG, YVER

337. *Hospital* (M. de l'). — *Wolffgang* (And.), sculpteur. —
Colbert (Ch. J.), évêque de Montpellier. Trois portraits
in-4.
Belles épreuves.

VARIN (C. N.)

338. *Ledoux*, architecte. Frontispice in-fol.
Belle épreuve.

VARIN, SAINT-AUBIN

339. Personnages de l'antiquité et de l'histoire Romaine. Cin-
quante-trois pièces d'après des *Pierres gravées.*
Belles épreuves.

VANDRAMINI, VERTUE (G.)

340. *Marie-Thérèse*, Reine de Hongrie. — *Edward V*, Roi d'Angleterre. Deux portraits in-4.
Belles épreuves.

VERHELST (Eg.).

341. *Charles Frédéric* Margr. de Bade. — *Hertzberg* (Edw. Fr.
Graf von). — *Schöpflinus* (J. D.). — *Young.* Cinq portraits in-8 et in-4.

Belles épreuves, la première est imprimée en bistre.

342. *Iffland*, acteur. In-18, médaillon.
Superbe épreuve imprimée en couleur

VÉRITÉ (A Paris chez).

343. *Marie-Antoinette*. In 8.
Très belle épreuve du premier état.

VERMEULEN (C.), VOGEL

344. *Sirmond* (J.), Jésuite. — *Weigel* (Ch.), d'après Kupezki.
Deux portraits.
Belles épreuves, la première est avant la lettre.

VINKELÈS (R), VELDE (Van de).

345. *Scriverius* (R.). — *Torrentius* (J.). — Frontispices. Quatre
pièces.
Belles épreuves.

VOYEZ (les)

346. *Beauteville* (J. L. de Buisson de), Evêque d'Alais. —
Prusse (Fr. H. L. Prince de). — *Tristan l'Hermite*. —
Besenval (B^n de). Quatre portraits in-8 et in-4.
Belles épreuves, la 3e est avant la lettre.

VORSTERMANS, VOUET (A.), VOUILLEMONT

347. *Léon X*, pape. — *Médicis* (Cosme de). — *Médicis* (L. de). —
Scholier (P.). — *Urbain VIII*, pape. Cinq portraits in-8
et in-4.
Belles épreuves.

VOYSARD (E).

348. *Trichet* (M. L.), Supérieure des filles de la Sagesse —
Sonnini. 3 états. Quatre portraits in-8.
Belles épreuves.

WALCK (S.), WATELET, WILLEMIN

349. *Noodt* (Gérard). — *Clément XIV*. — *Boudier de Villemert*
(P. J.). Trois portraits in-8 et in-4.
Belles épreuves.

WATSON (Car.), WHITE (G.)

350. *Humphry* (Ozias). — *Ramsay* (Allan). Deux portraits in-4
à la manière noire.
Très belles épreuves.

WICAR

351.   *Wicar*, peintre et amateur. Eau-forte in-8.
Très belle épreuve, rare.

WIÉRIX (Les).

352.   *Charlemagne.* — *Realinus* (P. Bern.). — *Rodriguez* (Ven.
Alph.). Trois portraits in-8.
Belles épreuves.

WILLE (J. G.).

353.   *Anhalt* (Léop. Prince d'). — *Chabannes* (J. Cte de), Comte de
la Palisse. — *Cromwell* (Ol.). — *Lefort.* — *Manessier de
Guibermaisnil* (M.). — *Voisenon* (L'abbé). — *Wolff* (Ch.).
Sept portraits in-8 et in-4.
Très belles épreuves du premier tirage, deux sont avant la lettre.

354.   *Charles Théodore*, Electeur et comte palatin. — *Elisabeth-
Augusta*, sa femme. Deux portraits ovales in-4, faisant
pendants.
Belles épreuves.

355.   *Colonna* (Le Card.) d'après Battoni. — *Corsini* (Le Card.).
Deux portraits in-4.
Belles épreuves.

WILSON (B.).

356.   *Knight* (Gowin). In 8 à l'eau-forte.
Très belle épreuve.

PORTRAITS POUR ILLUSTRATION

Gravés au XIX· siècle.

ANONYME

357. Portrait d'Evêque, in-4.

Eau-forte pure Au verso, un dessin au crayon noir d'après Jules Lefèvre, représentant Jeanne d'Arc.

ADAM (P.), AUDOUIN

358. *Lætitia Bonaparte* (Mme) d'après Gérard. — *Angoulême* (Duc d'). — Portrait d'un Maréchal. Trois portraits in-8 et in-4.

Belles épreuves, deux sont à l'eau-forte pure

AUDIBRAN, BAUDRAN, BERNARDI

359. *Combrousse* (Mme). — *Richelieu* (Card. de). — *Voltaire* assis. Trois portraits in-8 et in-4.

Belles épreuves, deux sont avant la lettre.

BALLONS (Pièce sur les)

360. Estampe représentant six personnages réunis et discutant ; dans le fond, une Montgolfière prête à s'élever dans les airs ; in-4 en larg., gr. par J. H. Robinson, d'après J. Hollins.

Très belle épreuve avant la lettre sur papier de chine.

BEHNES (W.)

361. *Heath* (J.), esq., graveur historique ; in-4.

Belle épreuve inachevée.

BERTONNIER

362. *Bourdaloue*, 2 états. — *Corneille* (P.), in-18, 2 états. — *Corneille* (P.), in-8. — *Molière*. — *Legouvé*, 2 états. — *Marie-Christine* d'Espagne. — *Volney*. Dix portraits in-8 et in-4.

Belles épreuves, la plupart avant la lettre ou à l'eau-forte pure.

BETTELINI, BLANCHARD

363. *Sommariva* (Cte de). — *Napoléon III.* — *Botta*, 2 états. — *Gœthe*, 2 états. — *Marie-Antoinette.* — *Schiller*, **2** états. — *Walter Scott.* Dix portraits in-8 et in-4.
Belles épreuves avant la lettre ou à l'eau-forte pure.

BOURGEOIS DE LA RICHARDIÈRE

364. *Sorne,* contrebassiste à l'Opéra ; in-8.
Belle épreuve avant la lettre.

BRETTE (W.). BOURNE (H.)

365. *Orléans* (Henrietta of), d'après Mignard ; in-4. — *Stuart* (Mrs W.), d'après Robertson, in-8. Deux portraits
Belles épreuves.

CARDON (A.). CARON, COCHRAN

366. *Berry* (Duchesse de) et ses enfants. — *Rennell* (Major J.). — *Kirkwall* (Vicountess Ch. I.). Trois portraits in-8 et in-fol.
Belles épreuves, la 1re est à l'eau-forte pure.

CARICATURES

367. " Le peuple sous l'ancien régime ". Pièce satyrique sur Louis XVIII.
Épreuve coloriée.

CHENAY, CHAPONNIER, COURBE

368. *Janin* (J.). — *Livourne* (Cte de). — *Pie VII.* Trois portraits in-4.
Belles épreuves, une est avant la lettre.

COLLIN, CONTARDI, COOPER

369. *Olonne* (Comtesse d'), en Diane. — *Pie VII.* — *Vestris* (Me Ronzi), danseuse. Trois portraits in-8 et in-4.
Très belles épreuves, la 1re est avant la lettre.

COSWAY (d'après)

370. *Récamier* (Mme). — *Charlotte of Wales* (Pss). Deux portraits in-8.
Belles épreuves, la 1re est en couleur.

COUSINS (Samuel)

371. *Peel* (Miss), d'après Th. Lawrence ; in-4 à la manière noire.
Superbe épreuve, grandes marges.

372. *Macdonald* (Miss), d'après Th. Lawrence ; in-4 à la manière noire.
Superbe épreuve avant la lettre, grandes marges.

DEAN (F. A.). EGLETON (H.). EVANS

373. *Denbigh* (W. Field. Earl of). — *Falmouth* (Anne Fr. Countess of). — *Tyssen* (Sam) Esq. Trois portraits in-8 et in-4.
Belles épreuves.

DEBUCOURT (P. L.)

374. *Louis XVIII* en pied, d'après Béra (M. F. 328). — Le même (329). Deux pièces.
Très rares épreuves avant la lettre.

DELAISTRE. DEQUEVAUVILLER

375. *Bourgogne* (Louis de). — *Barthélemy*, 2 états. — *Collin d'Harleville*. — *Legris* (L'abbé). — *Phalaris* (D^{sse} de). — *Tencin* (Mme de). Sept portraits in-8 et in-4.
Belles épreuves avant la lettre ou à l'eau-forte pure.

DESENNE (d'après Alex.)

376 *Diderot*, 2 états. — *Marie-Antoinette*, 3 états. — *Marmontel*. 3 états. — *Marie-Thérèse d'Autriche* — *Marie Leckzinska*. *Louis XVI*, 2 états. — *Louis XVIII*, 2 états. Quatorze portraits in-8, publiés dans les *Oraisons Funèbres* et chez *Ménard et Desenne*.
Belles épreuves avant la lettre ou à l'eau-forte pure.

377. Littérateurs, publiés chez *Janet*. Trente portraits in-8 en pied.
Épreuves à l'eau-forte pure.

DESVACHEZ, DELANNOIS

378. *Boileau. — Coulanges* (Christ. de). *— La Fontaine. — La
Rochefoucault. — Mazarin. — Molière. — Pascal. —
Racine. — Sévigné* Mme). — *Sevigné* (H. Mis de). — Portrait d'Homme, d'après Van Dyck. Onze portraits in-4
Très belles épreuves d'artistes.

DESVACHEZ, DEVERIA

379. *Crauk*, sculpteur. — *Boileau.* Deux portraits in-8.
Épreuves avant la lettre.

DEVERIA (d'après A.)

380. Portraits de Littérateurs, publiés par Dabo. Vingt-cinq
pièces.
Épreuves avant la lettre ou à l'eau-forte pure.

381. Personnages du temps de Louis XIV, publié pour les *Lettres de Mme de Sévigné*, Ed. Dalibon. Dix portraits in-8.
Belles épreuves à l'eau-forte pure.

DIEN (M. F

382. *Bade* (Le Gd Duc de), 2 états. — *Bezenval* (Bon de). —
Bonaparte. — Boileau, 2 états. — Frontispice de l'*Art
Poétique. — Choiseul-Gouffier. — Cochin* (Henry), 2 états.
Gérard. — Louis XIV, 2 états. — *Malherbe*, 2 états. —
Pie VII, Cal *Gonsalvi* et Cal *Pacca. — Van der Burch. —*
Portrait de femme. Dix-sept pièces in-8 et in-4.
Belles épreuves avant la lettre ou à l'eau-forte pure.

DIVERS

383. *Louis XVII. — Necker* (Mme). — *Jauffret*, Evêque de Metz.
François Ier. *— Lavater. — Gérard* (Baron). *— Elty* (W.).
Hedlinger. — De Saint Ange. — Dalmani (Adèle). —
Baffier (F., Jurisconsulte, 2 états. *- Ingres. — Rancé*
,L'abbé de), etc. — Dix-neuf portraits in-8 et in-4.
Belles épreuves, la plupart avant la lettre ou à l'eau-forte pure.

DUPRÉEL

384. *Bossuet* en pied, 3 états. — *Lafontaine*, petit médaillon,
2 états. Cinq portraits in-18 et in-8.

Très belles épreuves avant la lettre ou a l'eau-forte pure.

ÉCOLE ANGLAISE

385. *Hohenlohe-Laugenbourg* (P^sse Ad. ol). — Portraits inconnus.
Cinq pièces.

Très belles épreuves. Quatre sont avant la lettre.

EICHENS (P. Herm.)

386. *Rauch* (Chr. Dan.), sculpteur allemand, d'après C. L'Allemand, in-4.

Deux épreuves avant la lettre et a l'eau-forte pure. Signées avec
dedicace.

ENDNER. EVANS (W.). FREEMAN

387. *Hogarth* (W.). — *Brereton* (Owen. Sal.). — *Wurtemberg*
(Reine de). Trois portraits in-8.

Belles épreuves.

FINDEN, FRESCHI, FRY

388. *Stanhope* (Lady Wilhelmina). — *Victoria* (Her Most gra-
cious Magesty. — *Prince Régent* (the). — *Peterborough*
(Ch. M. Earl of). Quatre portraits in-8 et in-4.

Belles épreuves.

FORESTIER FOULQUIER, FOURMEIZ

389. *Duval* (Alex.). — *Guilbert* (Mgr). — Portrait d'homme.
Trois pièces.

Belles épreuves avant la lettre.

FORSTER, FOURNIER (M^c). GAITTE

390. *Charrin*. — *Angoulême* (D^sse d'). — *Buffon*. — *Catinat*. —
Louis XV jeune. Cinq portraits in-8 et in-4.

Epreuves avant la lettre.

GAVARD (Pantographie de).

391. Portraits et scènes historiques. Neuf pièces in-4 et in-8.
Très belles épreuves de choix.

GÉRAUT, GIRARD. GIRARDET

392. *Henri IV*, 3 états. — *Villemain*, 3 états. - *Joinville* (Prince de).
Sept portraits in-8 et in-4.
Belles épreuves avant la lettre ou à l'eau-forte pure.

GIRARD (Mme)

393. *Lenormand* (Mlle Juliette), d'après Henriquel Dupont ; in-4.
Très belle épreuve avant toutes lettres.

GODEFROY (F.).

394. *Berry* (Duc de). -- *Dusseck*. — *Louis XVIII*. Trois portraits
in-4.
Épreuves avant la lettre ou avec la lettre grise.

GOUTIÈRE (T. et Mme).

395. *Abd-ul-Medjid* (S. M. le Sultan). *Fabri de Peiresc*. — *Joséphine*. — *La Rochefoucauld*. — *Le Kain*. Cinq portraits
in-8 et in-4.
Belles épreuves avant la lettre ou avec la lettre grise.

GOUTIÈRE. LEBEL. LÉVY (G.).

396. *Retz* (Card. de) 2 diff. — *Simiane* (Mme de). — *Grignan*
(Mme de). — *Sévigné* (Charles de) *Anne d'Autriche*.
Six portraits in-4 publiés dans les Grands Écrivains de
Hachette.
Très belles épreuves d'artiste.

HARDIVILLIER. HOPWOOD

397. *Joséphine*. — *Zamoyska* (Sophie). *Walter Scott*. —
Beaumarchais. — *Molière*. — *Thiers*. Huit portraits in-8.
Épreuves avant la lettre et à l'eau forte pure, (une est avec la lettre).

HEATH (J.)

398. *Duigenau* (Doctor Batrick). *Ellis* (The R. Hom. Agar).
— *Peel* (Lady). — Jeune femme tenant une fleur. Quatre
portraits in-8.
Belles épreuves. Trois sont avant la lettre.

HENRIQUEL DUPONT

399. *Molière*. In-4 d'après Ingres.
Belle épreuve avec la lettre au trait, à toutes marges.

HUMPHRYS, INNÈS, JACKSON

400. *Melbourne* (Viscount). — *Lock* (Master). — *Melville* (H. Viscount). — *Ashbee* (Lady). Quatre portraits in-4 gravés à la manière noire, d'après Sir Th. Lawrence.
Très belles épreuves (Proofs).

INGRES (d'après)

401. *La Fontaine* par Dien. — *Le Sueur*, par Laugier. — *Poussin* (le), par Laurent et Baudran. Quatre portraits in-4.
Epreuves d'artiste avant la lettre et à l'eau-forte.

ISABEY (d'après J. B.)

402. *Valette* (Marie Chamand, Ctesse de la); in-8.
Très belle épreuve.

JOHANNOT (Tony) LADERER, LAMBERT

403. *Racine* (J.). — *Sablière* (Mme de la), 2 états. — *Philippe Egalité*. — *Mestrino*. Cinq portraits in-8 et in-4.
Belles épreuves. Quatre sont avant la lettre, ou à l'eau-forte pure.

JOHN (Fr.), LUPTON (Th). MOTE (H.)

404. *Cherubini*. — *Georges IV*. — *Lovelace* (The C^{tess} of). Trois portraits in-8 et in-4.
Belles épreuves.

LANVIN. LARCHER. LECOMTE

405. *Bertrand* (Mlle Aline), Harpiste. — *Dufresnoy* (Mme). — *Grégoire* (L'abbé), 2 états. — *Chateaubriand*. Cinq portraits in-8.
Belles épreuves. Trois sont avant la lettre ou à l'eau-forte pure.

LAUGIER, LEFÈVRE. LEISNIER.

406. *Angoulême*(M^{me}la D^{sse} d'). — *Fénelon*. — *Rabelais*. — Trois portraits in-8 et in-4.
Très belles épreuves avant la lettre, la 1re est à l'eau-forte pure.

LEROUX

407. *David* (Louis), 2 états. — *Dumont*, architecte. — *Fénelon.*
2 états. — *François Ier*, in-8 et in-4. 5 états. — *Gilbert.*
— *La Bruyère.* — *Lacépède.* 2 états. — *Marmontel.* 2
états. — *Montaigne.* — *Pascal.* 2 états. — *Regnard,* 2
diff. 5 états. — *Rousseau* (J. J.). 4 états. — *Voltaire.*
Vingt-neuf portraits in-8 et in-4.

Belles épreuves avant la lettre ou à l'eau-forte pure.

LÉVY (Gustave).

408. *Alexandre III* et son frère. — L'Impératrice de Russie, femme d'Alexandre II. - *Rembrandt.* 2 états. — *Béranger.*
Cinq portraits in-8 et in-4.

Belles épreuves avant la lettre. Deux sont à l'eau-forte pure.

LEWIS (F. C. et J. F)

409. *Dover* (The Right Honble Lady). — *Gordon* (The Lady
Georgina). — Portrait de femme. Trois pièces in-4.

Très belles épreuves, une est avant la lettre.

LIGNON (F.)

410. *Camoëns.* — *Reichstadt* (Duc de). — *Richelieu* (Duc de).
Trois portraits in-4.

Très belles épreuves avant la lettre.

LIGNON. LE COURBE, LORIEUX

411. *Boileau.* — *Bernardin de St-Pierre.* — *Louis XVIII.* —
Vergennes (Cte de). — *Molière.* — *Massillon.* Six portraits
in-8 et in-4.

Belles épreuves avant la lettre ou à l'eau-forte pure.

MARTINET

412. Portrait d'un Magistrat. In-fol.

Très belle épreuve à l'eau-forte pure.

MACRET. MARCUS (J. E.). MASQUELIER

413. *Destouches. — Caspari*, peintre. — *Louis XVIII*. — Un mathématicien. Quatre portraits in-8.
Belles épreuves. Trois sont avant la lettre.

MÉCOU (J.)

414. *Catherine* (S. A. I. la G^{de} D^{sse}). — *Anne Feodorowna* (La
G^{de} D^{sse}). — *Marie* (La G^{de} D^{sse}). — *Paul Ier* (L'Empereur)
Quatre portraits in-4.
Belles épreuves, la 2e est avant la lettre.

MASSON. MÉCOU, MEUNIER

415. *Devéria* (Ach.). — *Arlincourt* (Vicomte d'), 2 états. —
Maintenon (Mme de). — *Baron* (A. A. F.). Cinq portraits in-8.
Belles épreuves, une est avant la lettre.

MÉRCURY (P.)

416. *Maintenon* (Mme de). In-8, cadre orné, d'après Petitot.
Belle épreuve sur papier de Chine.

MEUNIER. PANNIER. WEBER

417. *La Bruyère. — Sévigné* (Mme de). inédit, 3 états. — *Corneille* (P). — *Malherbe. — Sévigné* (Mme de). Sept portraits in-4 publiés dans les Grands Ecrivains de Hachette.
Belles épreuves d'artiste.

MEYER (H.)

418. *Hoppner* (John) Esq. Peintre. — *Mathews* (M.), acteur.
Deux portraits in-4.
Belles épreuves.

MEYER (H.). MICHON. MIGNERET

419. *Genlis* (Mme de). — *Talma. — Louis XVIII*. — *Laharpe*,
3 états. Six portraits in-8.
Belles épreuves. Deux sont en épreuves d'artistes.

MORGHEN (Raph.)

420. *Louis XVIII, Roi de France.* — *Morghen* (Raph.), graveur. Deux portraits in-4.

Très belles épreuves, la 1re est avant la lettre.

421. *Alfiéri.* — *Dante.* — *Giovanni* (A.). — *Guicciardini.* 2 états. — *Léon X.* — *Louis XVIII.* 2 états. — *Puccini.* — *Frontispice* avec Portrait de la Princesse *Della Rocella.* — *Vésale.* Onze portrait in-8.

Belles épreuves, six sont avant la lettre ou à l'eau-forte pure.

MORSE

422. *Bérulle* (Card. de). — *Chambord* (Cte de). — *Hoym* (Cte d'). — *Marie Antoinette.* Quatre portrait in-8.

Très belles épreuves avant la lettre.

MOUGEOT. MULLER (H. C.)

423. *De Saint-Ange.* — *Henri IV.* — *Montesquieu.* 2 états. — *Staël* (Mme de). 2 états. Six portraits in-8 et in-4.

Belles épreuves avant la lettre ou à l'eau-forte pure.

NARGEOT, NORMAND

424. *Vigée-Lebrun* (Mme). — Portrait de femme d'après la miniature de Meuret. — *Louis XIV* en pied. — *Tiberghien* (P. J. J.), graveur orfèvre. Quatre portraits in-8 et in-4.

Belles épreuves. Deux sont avant la lettre.

NEWTON (R.). OUTHWAITE

425. *Paton* (Miss). — *Shakspeare* (W.). 2 états. Trois portraits in-8.

Belles épreuves, une est à l'eau forte pure.

PANNIER, PASME

426. *Champagne* (Ph. de). — *Liéven* (la Princesse de). — *Poussin.* — *Racine.* — *Van Dyck.* Cinq portraits in 8 et in-4.

Belles épreuves ; quatre sont avant la lettre.

PAUQUET

427. *Filhol.* 2 états. — *François Ier.* En pied, 2 états. — *Marie-Antoinette.* En pied, 2 états. — *Piccini*, 4 états. Douze portraits in-8.
Belles épreuves avant la lettre ou à l'eau-forte pure.

PHILLIPS (J.-H.)

428. *Wallscourt* (Lady) d'après Th. Lawrence, in-4 à la manière noire.
Très belle épreuve (Proof).

POLLET

429. *Pellico* (Silvio). — *Perrier* (Charles). Deux portraits in-8.
Belles épreuves. la 1re est avant la lettre.

PORREAU (Jules)

430. *Joséphine*, 5 états. — *Récamier*, 4 états. Neuf portraits in-8.
Épreuves d'artiste.

431. *Boileau* (Gilles). — *Brossette*. — *Brissot de Varville*. — *David*. — *Duchesne*. — *L'hospital*, 3 états. — *Lenormand* (Mme). — *Marat*, 2 états. — *Philidor*. — *Turgot*, 3 états, etc. Dix-neuf portraits in-8 et in-4.
Épreuves d'artistes. avant la lettre ou à l'eau-forte pure.

POSELWITE. PORTER (J.), PRIDLEY

432. *Alexandra* (Her Imp. Maj.), Empress of Russia. — *Eldon* (John Earl of). — *Fuseli* (H.). Trois portraits in-8 et in-4.
Belles épreuves.

POTRELLE (A Paris chez)

433. *Charles Jean*, Roi de Suède. — *Eugène* (Le Prince). — *F. Guillaume III*. — *Joséphine*. Quatre portraits en médaillons.
Belles épreuves. Deux sont en couleur.

PRUDHON (d'après P. P.)

434. *Talleyrand Périgord* (Ch. M. de); gr. in-8 par Chapuy.
Très belle épreuve.

REYNOLDS (S. W.)

435. *Egremont* (The Earl of), d'après T. Phillips ; in-4 à la manière noire.

Très belle épreuve (Proof).

REYNOLDS, REVEL. RICHOMME

436. *Béranger.* — *Corneille* (Th.), 2 états. — *Enghien* (Duc d'). — *Raphaël.* Cinq portraits in-8 et in-4.

Belles épreuves ; quatre sont avant la lettre ou l'eau-forte pure.

RIBAULT. RIFFAUT

437. *Lafontaine.* — *Rousseau* (J.-B.). — *Lefèvre-Deumier.* — *Bade* (S. A. R. Louise, Grande Duchesse de). Quatre portraits in-8.

Belles épreuves ; deux sont avant la lettre.

ROBINSON, RYALL

438. *Sutton* (F. D. M.). — *Blessington* (Marg., C^{tess} of). — *Bampfield* (The Hon. Aug.). Trois portraits in-4.

Belles épreuves.

RYALLS (T.)

439. My Wife, d'après sir Edwin Landseer, in-4.

Très belle épreuve.

ROGER (Barth.)

440. *Borington* (Viscount. — *Camper* (P.). — *Rechteren* (Cte de). — *Sévigné* (Mme de) jeune. — *Winter*, amiral. Cinq portraits in-8 et in-4.

Très belles épreuves avant la lettre ou avec la lettre grise.

ROSOTTE. ROUARGUE, RUOTTE

441. *Charles-Chevalier*, Ingén. opticien. — *Bordes* (Aug.), Architecte. — *Mozin* (B.), Musicien. Trois portraits in-8 et in-4.

Belles épreuves.

SAYER, SCRIVEN, STADLER

442. *Garrick*. — *Eastnor* (The R. Hon. Caroline Harriet, V^ss^).
— *Cavendish* (Lord). — *Georges the Third*, en pied.
Quatre portraits in-8 et in-4.
Belles épreuves.

SCHIAVONI, SIMON, SIMONET

443. *Longhi*, graveur. — *Grétry*, d'après J.-B. Isabey. — *Grignan*
(Mme de). — *Sévigné* (Mme de). Quatre portraits in-8.
Belles épreuves: trois sont avant la lettre ou à l'eau-forte pure.

TAVERNIER VALLOT

444. *Casti*. — *Rustici*, sculpteur Florentin. — Portraits d'hommes du Musée du Louvre. — *Napoléon Ier*, en pied. —
Gros (Baron), 3 états. — *Staël* (Mme de). Neuf portraits
in-8 et in-4.
Belles épreuves avant la lettre ou à l'eau-forte pure.

TOSCHI

445. *Alfiéri* ; in-4.
Très belle épreuve avant toutes lettres sur papier de Chine.

THOMSON

446. *Cholmondley* (Lady W. H.). — *Croker* (Miss). — *Leslie*
(Lady Elisabeth). — *Londonderry* (March. of), 2 diff. —
Norton (M^rs^). — *Fisani-Vernon* (Miss Georgina). — *Winchester* (March. of). Neuf portraits in-8 et in-4.
Très belles épreuves: une est avant la lettre.

447. *Orléans* (Henriette D^sse^ d'), d'ap. Mignard. — *Shakspeare*.
Deux portraits in-8.
Belles épreuves avant la lettre.

VARIN (Adolphe)

448. Portraits des frères *de Goncourt* et des dessinateurs et
graveurs pour illustrer *l'Art au XVIIIe siècle*. Quarante-deux pièces in-8.
Epreuves d'artistes avant la lettre ou à l'eau forte pure.

WALTER (Will.)

449. *Hope* (The Honble Sir Alex.), Lieutenant Général, d'après
Th. Lawrence. In-4 à la manière noire.
Très belle épreuve.

WEBER (Fred.)

450. *Prusse* (Le Prince Frédéric de), d'après F. Winterhalter.
In-4.
Très belle épreuve avant la lettre, signée par le graveur.

WEDGWOOD (J. T.)

451. *Corneille* (P.), 2 états. — *Washington Irving*, 2 états. Quatre portraits in-8.
Belles épreuves avant la lettre ou à l'eau-forte pure.

WOOLNOTH (T.). WRIGHT (T.)

452. *Kemble* (Miss Fanny). — *Michel-Ange*. Deux portraits in-8.
Belles épreuves.

PORTRAITS

GRAVÉS A L'EAU-FORTE

ABBEMA (Louise)

453. *Carolus Duran. — Chaplin. — Falguière. — Garnier. — Henner. — Mantz.* Six portraits.
Épreuves avant la lettre.

ABOT (E.)

454. *Bergerat* (Emile). — *Collet,* avoué, 2 états. — *Greppe,* Libraire. — *Lichtenstein* (Le colonel). — *Loti* (P.). — Le fils de M. Conquet, Libraire. — *Nisard.* Huit pièces in-8 et in-4.
Belles épreuves d'artistes.

ANONYME

455. *Duthé* (Melle), d'après Janinet.
Épreuve à l'eau-forte pure.

BOILVIN (E.) BORREL (F.)

456. *Henri IV.* d'après Goltzius, 2 états. — La femme de Rubens. Trois pièces in-8 et in-4.
Belles épreuves avant la lettre.

BRACQUEMOND

457. *Goncourt* (Ed. de) . (H. B. 54), 6° état. — *Langlois,* de Pont de l'Arche (70). 2° État. — *Meyer-Heine,* chef émailleur à la Manufacture de Sèvres (80). — *Robert* (Louis), administrateur, de la Manufacture de Sèvres, 3° État. Quatre portraits.
Belles épreuves.

458. *Lafond* (A.). peintre (H. B. 69), 1er État.
Très belle épreuve.

BURNEY, CAIN (G.), CATTELAIN

459. Portrait de dominicain. — *Guérard* et autres. Quatre pièces in-8.
Épreuves d'artistes avant la lettre.

CATTELAIN (Ph.)

460. *Champsaur* (F.). — *Mène.* — *Dereure.* — *Dumaine.* — *Guérard.* — *Joffrin.* — *Monin.* — *Pottier*, etc. Huit portraits.
Épreuves avant la lettre.

CHAINE (A.), CHAMPOLLION

461. *Chaine* (Ach.).— *Duthé* (Melle), 2 états. — *Julienne* (M. de). Quatre portraits in-8 et in-4.
Très belles épreuves. Deux sont en pièces d'états.

CHAPLIN (Ch.)

462. Son portrait par lui-même. 1876 (H. B. 1).
Très belle épreuve avant la lettre sur papier de Chine.

COURTRY

463. *Béhague* (Cte O. de). — *Feydeau* (Mme). — *Sauvage* (Le Peintre). — *Marguerite* (L'Infante), d'après Velasquez. Quatre portraits in-8 et in-4.
Très belles épreuves avant la lettre.

DAMMAN (Ben).

464. *Teystham*, député du Nord; in-4.
Belle épreuve d'artiste avec remarque sur papier du Japon.

DELIERRE

465. *Lafontaine* (J. de), 3 états. — Frontispice pour les Fables de Lafontaine, 1er État. Quatre pièces.
Très belles épreuves

DELTEIL (Loys).

466. *Saint-Marcel*, peintre ; in-8.
Épreuve du 1er État (tirage à deux ép.)

DIVERS

467. *Robida. — Karr. — Daudet. — Gambetta. — Claretie. — Glatigny. — L. Delisle. — Turquet. — Ozanne. — Lallaignant.* Douze portraits à l'eau-forte in-8 et in-4.

Belles épreuves, la plupart avant la lettre.

DUVIVIER (A.). FECHNER (E.)

468. *De Courmont*, poète. — *Fechner* (Mme), mère du graveur. Deux portraits in-8.

Épreuves avant la lettre.

FANTIN (d'après H.)

469. *Manet.* Feuille de croquis.

Épreuve d'essai.

GAUGEAN (Eug.)

470. *Bentivoglio* (Card) (H. B. 31). — *Bernis* (Card. de), 2 états. — *Charles I*^{er} et *Henriette* son épouse, 3 états. — Les Enfants de Charles Ier, 2 états. — Portraits, d'après Van Dyck. Dix pièces in-8 et in-4.

Épreuves d'essai.

GILBERT (A.)

471. *Cottier* (M.). — *Fromentin.* — *Ingres.* — *Lucrèce Fedé.* — Portrait d'homme, d'après Van Dyck. — La famille du peintre Carle Vanloo, 2 états. Sept pièces in-4.

Très belles épreuves. Six sont avant la lettre, ou en états.

GIRARDET (Rob.). GUÉRARD (H.)

472. *Girardet* (Ed.). — *Manet* (Ed.), d'après son Esquisse. Deux pièces in-8.

Belles épreuves d'artiste.

HADEN (Seymour)

473. *Haden* (Thomas), G^d-Père de Seymour, d'après Wright de Derby, in-4 (H. B. 51).

Très belle épreuve (planche détruite).

HÉDOUIN (Edm.)

474. *Aïscha Bent Tchelabia.* *Cadore* (Duc de). — *Lemaire* (Mlle
Madeleine), jeune, 2 états. — *Paignon Dijonval.* — *Qui-*
net (Edg.), 2 états. — *Rossigneux* père. Huit portraits
in-8.
Épreuves d'artiste.

HENRIQUEL DUPONT

475. Deux portraits sur la même planche, aquateinte (H. B. 26).
— *Petetot* (le P.), de l'Oratoire (104). — *Perraud* (Mgr),
Académicien (110). 3 portraits in-8.
Belles épreuves; deux sont avant la lettre.

HILLEMACHER (E.)

476. *Hillemacher* (Eug. E.) ; in-8.
Belle épreuve.

LALAUZE (Ad.)

477. *Crébillon* fils. — *Henri IV*, d'après Goltzius. *La Morlière.*
— *Moncrif.* — *Piron.* — *Reichstadt* (Duc de). — *Rous-*
seau (J.-J.), 2 états. — Frontispice pour la vie du Cardinal Donnet, 2 états. — Cardinal, d'après Murillo. Onze
portraits in-8 et in-4.
Épreuves avant la lettre, la plupart signées par le graveur.

LAMOTTE (Alph.)

478. *Christophle* (Albert), in-8.
Belle épreuve avant la lettre, signée.

MARE (Tib. de)

479. *Bouillerie* (Card. de la) — *Montmorency* (Connétable de).
— Cadre de portrait. Trois pièces in-8 et in-4.
Belles épreuves d'artiste.

480. *Cars* (Laurent), 2 états. — *Coypel*, 2 états. *Molière.* —
Fragonard, in-12, 2 états. — Le même, tête de page. —
Gravelot. Neuf portraits in-8 et in-4.
Très belles épreuves d'artiste. La plupart signées.

MASSART (L.)

481. *Bonnat* dans son atelier ; in-4.

Épreuve d'essai.

482. Peintres et sculpteurs contemporains. Quinze portraits.

Épreuves avant la lettre.

MATHEY (Paul)

483. *Caruchet*, Émailleur. — *Chaperon* (Eug.), Peintre militaire. Deux portraits in-8.

Épreuves d'artiste.

MEYER (Hans)

484. *Reinhold Begas*. — *Knaus*. — *Ad. Mentzel*. - *Steffeth*. Quatre portraits in-8.

Belles épreuves.

MONNIN (A. M.)

485. *Vincent* (Ch.), Vice-Président du Caveau ; in-8.

Belle épreuve avant la lettre.

MONZIÈS

486. *Furetière*, Académicien, 2 états. — *Jelyotte*, 2 états. — *Lordon* (Mlle Sophie), 2 états. — Portrait de femme de la famille des ducs d'Urbin. Sept portraits in-8.

Épreuves d'artistes.

MORDAUNT, NARGEOT

487. *Challemel Lacour*. — *Vacquerie*. — *Mame* (Alfred), Imprimeur. — *Musset* (A. de). Quatre portraits in-8.

Épreuves d'essai.

PIGUET (R.), PLUYETTE, POTERLET

488. *Chanzy* (Le Gén.). — *Pluyette*, peintre de genre. — *Bérard* (Eug.). Trois portraits in-8 et in-4.

Belles épreuves. Deux sont avant la lettre.

RAJON

489. *Baudry* (Paul) ; in 4.
Très belle épreuve avant la lettre.

RAMUS (E.)

490. *Rothschild* (Baron James de); in-4 d'après Gaucherel.
Belle épreuve.

RÉGNAULT

491. *Pezet* (Le P¹).— *Vandeuvre* (Baron de).— Portrait de femme.
Trois portraits in-8.
Belles épreuves.

RIBALLIER (H.)

492. *Riballier* (H.), graveur. — *Chapelain*. Deux portraits in-8.
Épreuves d'essai.

ROCHARD

493. *Privat d'Anglemont*. In-8.
Belle épreuve.

TEYSSONNIÈRES

494. *Molière* (inédit). — *Soyer* (Robert). Deux portraits in-8 et
in-4.
Très belles épreuves.

TOUSSAINT, WALLET

495. *Flaubert* (Gustave). 2 états. — *Feuillet* (Octave). Trois
portraits in-8.
Épreuves avant la lettre.

WALTNER

496. *Rembrandt*. In-4. (H. B. 5).
Belle épreuve avant la lettre sur papier du Japon.

LITHOGRAPHIES

ADAM (Victor)

497. *Michallon*, Peintre ; in-4.

Belle épreuve sur papier de Chine.

ALOPHE

498. Ecrivains dramatiques. Littérateurs. Artistes, etc. Seize portraits in-4.

Belles épreuves.

ANONYME

499. *Vestris* (Mme). — Portrait de peintre. Deux portraits in-4.

Belles épreuves sur papier de Chine.

AUBRY-LECONTE. BARRY

500. *Corinne.* — *Granger.* — *Girodet-Trioson.* — *Molière.* Quatre portaits in-4.

Belles épreuves, trois sont sur papier de Chine.

BENJAMIN. BELLIARD

501. *Arlincourt* (Vte d'). — *Charlet.* — *Granier de Cassagnac.* — *Lockroy.* — *Odry.* — *Roqueplan.* — *Viennet.* — *Vicano* (Hélène), professeur de chant. Huit portraits in-4.

Belles épreuves. la 1re est avant la lettre.

BOILLY (J.) BOUQUET (Aug.)

502. Un jeune graveur (*Alp. Boilly*). — Amateurs de liberté. Deux pièces in-4.

Belles épreuves.

CHARLET

503. Portraits de l'artiste par Benjamin et Davaux. — *Canon* père (De L. 4. R.). — Le maître de classe des enfants de Charlet (5.). Quatre pièces in-4.

Belles épreuves ; trois sont avant la lettre.

COINDRE, DESBORDES, DU SOMMERARD

504. *Engelmann* (G.). — *Desbordes*. — *Du Sommerard*. Trois portraits in-4.

Belles épreuves.

DESMAISONS (E.)

505. *Charles d'Albert*, Duc de Luynes et de Chevreuse, d'après Léon Coignet, in-4.

Belle épreuve sur papier de Chine.

DEVERIA (A.)

506. *François Ier*, Roi des deux Siciles. In-fol.

Très belle épreuve.

ÉCOLE ANGLAISE

507. Portraits of the Lady *Carolines Lascelles*, The Lady *Georgina Agar Ellis* and the Countess. *Gower* par J. Jackson. *Ellen Julia Hollard* par Haghe. — *Jersey* (The Countess of). Trois portraits in-4.

Très belles épreuves, deux sont sur papier de Chine.

FELOUX (Joseph)

508. *Gayrard* (R.) ; in-4.

Belle épreuve sur papier de Chine.

GIGOUX (J.)

509. *Artot*. — *Bessems* (A.). (H. B. 101). — *Bodin* (102). — Portrait d'homme (115). — *Jouffroy* (129). — *Musurus* (148). — *Sigalon* (163). — *Sigalon* (164). — *Walter Scott* (172). — *Clément Boulanger* (non catalog.). Dix portraits in-4.

Très belles épreuves, la plupart sur papier de Chine ; deux sont avant la lettre.

GREPPIE (A.). GIRAUD

510. *Fumagalli* (Ad.). — *Chaponnière*. Deux portraits in-4.

Belles épreuves.

INGRES (d'après)

511. *Dupaty* (Ch.). — *Ratxhiel* (H. J.). Deux portraits in-4.

Belles épreuves sur papier de Chine.

ISABEY (J. B.)

512. *Isabey* (Eug., in-8, (Hédiard 70).

Très belle épreuve sur papier de Chine d'un état non décrit, avant les noms *Eugène Isabey*.

513. Les Ministres plénipotentiaires du Congrès de Vienne. Deux pièces gr. in-4 en larg. (79.

Très belles épreuves du 1er État (non décrit), avant toutes lettres.

JULIEN

514. Littérateurs, Écrivains, Peintres, etc. Seize portraits in-4 de la *Galerie de la Presse*.

Belles épreuves.

LACAUCHIE, LAFOSSE. LASSALLE

515. *Duvert*. — *Rougemont* (de). — *Bida*. — *Ary Scheffer*. — *Mourier* (Alp.). Cinq portraits in-4.

Belles épreuves, le dernier est avant la lettre.

LAWRENCE (d'après Sir Th.)

516. Les Enfants Calmady. Lithog. in-8 de Jourdy.

Très belle épreuve.

LEMUD (A. de). MAUZAISSE, MENUT (A.)

517. *Chinard*. — *Prudhon*. — *Bertini*. Trois portraits in-4.

Belles épreuves, deux sont avant la lettre.

NOEL (Léon) NANTEUIL (Cél.)

518. *Colette de Baudricourt. — Decaisne. — Elex. — Portal. — Velasquez.* Cinq portraits in-4.

Belles épreuves sur papier de Chine ; les deux dernières sont avant la lettre ou non terminées.

PIRODON, POL JUSTUS

519. *Scribe. — Portrait de peintre. — Ingres.* Trois portraits in-4.

Epreuves sur papier de Chine.

ROBAUT. ROBERT (A.)

520. *Delacroix* (Eug.). — *Robert* (Léopold). Deux portraits in-4.

Belles épreuves.

SORRIEU. TROBRIAND (A. de)

521. *Lottin de Laval. — Carignan* (P^{ce} de). Deux portraits in-8 et in-4.

Belles épreuves.

GRAVURES SUR BOIS

522. Portraits contemporains par Piguet, Dumont, Chapon, Girard, Matet, Desmoulins, etc. Dix pièces in-8 et in-4.

Belles épreuves : plusieurs sont avant la lettre sur papier de Chine.

523. *Raffaëlli* par Willette. — *Félix Faure, Coppée* et *Sardou,* par Léandre, etc., etc. Dix sept portraits in-4.

Belles épreuves en noir et coloriées.

PHOTOGRAPHIES

524. Ecrivains, peintres, etc. Dix pièces dans des cadres ornés et gravés sur bois.